和秋叶一起学

职场写作

Easy!!

很简单

队
——
编著

人民邮电出版社
北京

图书在版编目（ＣＩＰ）数据

职场写作很简单 / 秋叶团队编著. -- 北京 ：人民
邮电出版社，2022.7
ISBN 978-7-115-59117-3

Ⅰ．①职… Ⅱ．①秋… Ⅲ．①汉语－应用文－写作
Ⅳ．①H152.3

中国版本图书馆CIP数据核字(2022)第061029号

内 容 提 要

　　这是一本写给职场人士的书，书中直面职场人士对写作的困惑与误解，用可执行的方法、可变通的案例，通俗易懂地讲述了通过写作提升职场竞争力的种种途径。可以说，在职场中只要是需要用文字表达的场景，就跟写作有关，正是基于这个思路，本书内容分成了 5 章，分别介绍了对写作的正确认知、职场新人如何突破障碍、日常工作中如何写作、如何进一步提升写作能力，以及将写作变现的方法。

　　本书直击职场中写作的痛点，案例生动，语言通俗，适合大多数职场人士阅读。

◆ 编　　著　秋叶团队
　　责任编辑　贾鸿飞
　　责任印制　王　郁　胡　南

◆ 人民邮电出版社出版发行　　北京市丰台区成寿寺路 11 号
　　邮编　100164　　电子邮件　315@ptpress.com.cn
　　网址　https://www.ptpress.com.cn
　　大厂回族自治县聚鑫印刷有限责任公司印刷

◆ 开本：880×1230　1/32
　　印张：4.5　　　　　　　　　2022 年 7 月第 1 版
　　字数：52 千字　　　　　　　2022 年 7 月河北第 1 次印刷

定价：39.90 元

读者服务热线：(010)81055410　印装质量热线：(010)81055316
反盗版热线：(010)81055315
广告经营许可证：京东市监广登字 20170147 号

拥有写作能力是一种非常重要的职场竞争力。

身在职场，总免不了与写邮件、总结工作、策划文案等事项打交道，写出让人满意的内容，已经成为基本要求。自媒体的兴起，让写作能力强的人的职业发展有了更多的可能——许多人写作一开始只是基于兴趣，最后却意外地收获了一份副业收入，有人甚至因此转型为全职写作者。在生活中，拥有良好写作能力的人，无论是与人交流还是展示自我，都更加自如。这也就是为什么，想要学习写作的人越来越多。

很多人尽管明白写作能力的重要性，却迟迟没有开始学习写作，对写作的认知存在误区是主要的原因之一。他们认为写作的门槛非常高，导致他们虽然常被写作问题困扰，却宁愿"认输"，也就迟迟迈不开学习写作的脚步。

作家布兰登·罗伊尔（Brandon Royal）曾说，**具备出众写作技巧的人大多掌握了一些重要的写作原则，并反复不断地使用**。本书正是介绍了一些写作原则和简单易行的方法，阅读本书，掌握正确的方法并且勤于练习，就会发现写作入门并不是一件困难的事。

在正式地学习方法以前，首先要**重塑认知**。这部分内容会改变大家对职场写作的看法，解开大家在"没必要写""没能力写""没时间写""没动力写"4个方面常见的疑惑，从而树立对写作的信心。

对于刚刚迈入职场的新人来说，在基础写作方面**突破障碍**非常重要。写出一份出彩的自我介绍是良好的开始，紧随其后的，就是与日常工作表现紧密相关的工作总结，其撰写也是大有讲究的。再加上有技巧地进行工作汇报、与同事沟通，就能给他人留下良好印象。

在职场中，只要是需要用文字表达的场合，就要注意文字的使用是否准确，是否会给阅读的人带来困扰，这其实就是写作能力的体现，所以要关注**日常写作**。即使是像通过微信沟通、做会议记录、写工作日志和办公邮件这样看似简单的事，也需要实用的技巧。有些场景，虽然不是每天都会接触，对写作能力的要求也相对较高，但在这些场景下的表现往往能够反映一个人的思考能力，这也需要**提升写作能力**，学会写营销文案、项目策划方案、项目复盘报告、年终汇报的关键方法。

喜爱写作的朋友，有不少往往希望在职场外拓展出更多可能性，例如靠写作获得收入——**写作变现**，就是其中的一种。在自媒体蓬勃发展的时代，写作变现并非遥不可及，本书介绍的朋友圈文案、短视频脚本、公众号文章、直播脚本四种类型的写作，就是自媒体时代入门和变现相对容易的形式。

写作本质上是一种表达方式，一种用文字表达思想的形式，每个人都有能力去完成。有效的方法可以帮助写作者梳理写作思路，提高写作效率，让文字传递的信息更接近表达意图。

相信通过阅读本书，职场人士能打开一扇通往新世界的大门，发现动笔就像说话一样，其实很简单。

目录

▶ 第1章　重塑认知，学会
写作是很好的职
场投资

ONE

从事任何工作都离不开写作，可以说写作是职场中与口头表达同等重要的能力，也是职场人的必修技能之一。写作能力强的人，大多能获得青睐，得到更多发展机会，所以有人说学会写作是一项高收益的"投资"。

1.1 没必要写？不管从事什么工作，都离不开写作

不是只有作家才需要写作。结构思考力研究中心创始人、北京思考力管理咨询有限公司董事长李忠秋，从事企业培训工作，有很多人向他的团队反馈写作方面的问题。

这些人分两类，一类是企业管理者，他们抱怨下属写的邮件、提交的报告、撰写的方案等常常让他们感到头疼，有的文字散乱地堆砌，让人看不到重点和主线；有的概念模糊不清、逻辑不严密、前后论证不合理，看得人难受。另一类是"写"的人，他们倾诉"写作之苦"，表示自己不是不想好好写，而是拿到主题时大脑经常一片空白，完全不知道该从哪里下手，或者面对纷乱的信息不知道如何梳理清楚并转换成文字。

可见，写作其实困扰着很多职场人，学习写作能直接帮助职场人提高工作效率，助力职业发展。写作能力在各行各业、各个岗位都适用，因为写作在职场中发挥了以下两个重要的作用。

1. 写作是一项可以呈现工作成果的辅助技能

我们每天都要做许多工作，但我们工作的过程和取得的成绩，并不是每个人都能看见的，即使是领导也无法了解每个下属具体的工作细节。但职场中的写作就像图片，能将我们工作背后的思考和努力过程全部呈现出来，这就等于呈现了我们的工作成果，能使工作成果被更多人看见，而且这些成果是可查找的、可复用的，能成为职场人的随身成绩单。

斯科特·亚当斯（Scott Adams）是美国漫画家，他的"呆伯特"系列漫画在超过 50 个国家和地区使用超过 20 种语言出版，被超过 2000 家报纸转载。他在介绍自己的成功经验时说过，一个人要想脱颖而出，有两个选择：第一个选择是把某项技能练到全世界最好，这非常困难，只有极少的人能做到；第二个选择是同时练习两项技能，把每一项技能都练到人群中前 25% 的水平，相对而言这比较容易。

同时拥有两项能排在前 25% 的技能的人并不多见，但如果我们能把这两项技能结合起来去做一件事，就可能取得了不起的成就。比如亚当斯自己，他的绘画技能并不是最好的，但能达到前 25% 的水平；他的写作技能也不是最好的，但故事创作技能也能达到前 25% 的水平。现在他把这两项技能结合起来，画"呆伯特"系列，漫画便取得了成功。从亚当斯的故事中我们可以得到启示：专业能力只是职场中的其中一项技能，如果能将写作作为一项辅助技能，双管齐下，我们就能更快地在职场中脱颖而出。

2. 写作是一张可以影响他人印象的名片

虽然如今人们可以通过语音和视频进行沟通，但许多正式的职场沟通都必须以文字的方式进行，沟通的过程会成为日后方便查阅的资料。这种情况下，一封邮件、一份报告、一个方案，甚至是一条微信消息，都反映了一个职场人的职业素养。写作能力强的人，能够更加清晰地表达自己对工作内容的理解和分析问题的思路。所以我们经常会发现，善于写作的人往往能够通过文字沟通展示自我，给素未谋面的人留下深刻的印象。

当年，28 岁的罗永浩正处于人生的迷茫期，他高中没有毕业，找不到稳定的工作，做的小生意都以失败告终，听说新东方学校薪水很高，走投无路的他决定试一试。为了进入新东方，罗永浩把自己封闭了几个月，每天背十几个小时的单词，学习英语到凌晨，为了激励自己，他还买了 100 多斤关于成功学的书堆在床边。如果罗永浩只是简单地把这些经历写进一份简历里，能够打动新东方学校的面试官吗？显然很难。真正为罗永浩推开新东方之门的是他给俞敏洪写的一封求职信，罗永浩在多个公开场合都提到过这封信，据说有 1 万多字。信中，罗永浩简述了自己的过往，点评了新东方学校的老师，陈述了自己的优势，笔触幽默，呈现了一个为了理想不屈不挠的青年形象。这封信打动了俞敏洪，于是他约了罗永浩面谈，罗永浩因此获得试讲的机会。

可见，提升写作能力是一项回报率很高的职场投资，拥有良好的写作能力就像拥有一张他人乐于接纳的名片，能够更好地展现自己的长处，甚至能够给我们带来新的机会。

1.2 没能力写？2 个要诀，职场通行的表达策略

很多人觉得自己没有写作能力，认为写作需要很高的天赋，其实，写作，尤其是职场写作，是一项完全可以培养的技能。可以说，只要有正确的理念引导，按照正确的方法练习，大多数人的写作都可以达到很高的水平。有的

人甚至可以在短时间内取得突破，靠写作在职场上"逆袭"，甚至改变人生。

吴军是人工智能、自然语言处理和网络搜索方面的专家，他以几乎每年一本的速度出版了 10 多本书，总销量超过 300 万册，拿到了很多图书奖项。有人可能会想，吴军是名校学霸，在写作方面当然有过人之处。但是，吴军自己曾说过，他上初中的时候是个作文差生，工作以后有近 10 年的时间没有用中文写过文章。吴军的写作之路起步于一次职场写作任务。由于吴军是谷歌中、日、韩搜索算法的主要设计者，2007 年，谷歌中国邀请他给谷歌官方博客写文章介绍谷歌的产品。当时同类文章大多在介绍产品和公司动态，吴军为了体现谷歌在产品技术上的优势，决定写一些产品背后的数学原理。后来，他的这些文章被收录到《数学之美》这本书里，这本书则获得了文津图书奖。从此以后，吴军的写作事业开始加速，而且因为书籍的畅销，他的个人影响力"走出"了硅谷，延伸至中美两国的商界和教育界。

吴军的写作起步条件并没有比大多数人优越，所以我们应该对学习写作有信心。大多数人学习写作不是为了进行文学创作，因此不需要多么高的天赋与多么巧妙的构思，我们只需要让写作为职场加油。而对于绝大部分职场写作，我们只要把握两个要诀，其实就已经成功了一半。

1. 先定结构，分点阐述

不管是写每天的工作日志，还是完成特定时刻需要的活动文案、项目报告、年终总结等，我们都应该遵循一定的写作结构。很多人之所以觉得这些场景下不知道怎么写，不是因为他们干的活比别人少，而是因为他们没有结构意识，大脑里的信息是凌乱的，难以将这些信息组织成有序的文字。一旦有了结构，写作就等于往结构中填充内容，写的时候思路就会清晰。最重要的是，有结构的文字能够让阅读的人快速地接收信息。

比如别人跟我们说下面的一段话，我们听后心情会如何？

我们来一起讨论一下这个月的任务安排。月度计划的重要性相信大家都知道，可是大家怎么还是习惯性地拖延呢？这说明我们的计划做得不够好。所以我觉得必须通过今天的会议把大家要完成的任务安排清楚，而且任务确定了以后，大家都不要改了，我们要做好监督工作，每个人什么时候该完成什么工作，要保证执行到位。还有，大家也不要忘了提交每周的工作周报。我们一直说要做一个执行型团队，还要做一个学习型团队，如果连工作计划都没有执行到位，学习计划的执行效果也不会好。所以，通过工作周报复盘特别重要。好了，就这样。

这样的沟通方式其实很常见，给人的感觉就是说了很多，但没有重点，让听的人感觉很乱，甚至会想"他到底要说什么"。而通过"先定结构，分点阐述"的方式进行表述，效果就会完全不一样。

今天的月度会议，我们讨论一下这个月的任务安排，内容包括以下 3 个部分。

第一，每个人都要提交本月的月度计划。

第二，以往的计划执行情况不够好，今后我们要加强监督，确保每项计划都列出截止日期和责任人。

第三，每个人每周都要提交工作周报，要在周报中对月度计划的执行情况进行复盘。

对比随性的内容，有结构的内容更清晰，更方便理解和记忆，这也是职场写作需要达到的目的。分点阐述的好处在于，点与点之间不需要过渡句，只要把每句话的意思表达清楚就可以了，这在很大程度上降低了写作的难度。

2. 结论先行，数据为重

不少人在学生时代接受的写作教育都侧重于如何遣词造句，这就导致步入职场之后，这些人还因为文笔不够优美而认定自己"不适合写作"。

但职场中的写作，多数情况下都是围绕分析问题和解决问题进行的，只要我们能够准确地描述问题，提出解决方案，就已经达到要求了。那么，如何客观地评价这种描述是否准确，方案是否可行呢？最可靠的方式是提供数据。这就是为什么大多数领导希望看到下属在汇报工作时能提供充分的数据作为支撑。

同时，每个人的时间都是宝贵的，领导的时间更稀缺。

如果我们长篇大论，领导还要根据文字思考结论是什么，我们就可能给领导留下思路不清晰、不能高效解决问题的印象。所以对于任何职场写作，都建议结论先行，且尽可能以数据作为论据。

比如，一个客服人员要在工作月报中汇报当月的客户服务情况，他如果这样描述，领导看着感受会如何？

这个月我们经常受到客户的表扬，客户投诉的情况也没有再发生。我觉得这是我们增加了引导岗的效果，使客户满意度提高了。

从管理者的角度来看，这样的表述只是在抒情，没有任何参考价值。从写作者的角度来看，正是这样没有策略的表述，才导致了工作日志、周报和月报无事可写。试想，如果天天都没有客户投诉，岂不是天天都得写一样的内容？但加入数据就不同了，数据是持续变化的，也是领导们都愿意关注的管理"抓手"。我们来看看下面这份工作日志。

这个月我们的客户满意度有所提升。

上个月的客户满意度是 95%，这个月提升到了 98%，且没有客户投诉的情况发生。

增加引导岗对客户满意度的提升有明显效果。

针对引导岗的专项客户满意度评分均是 10 分。

这样的表述能让人迅速抓住重点，也能让人清楚文字表达的观点，因为有数据的支撑，观点也是令人信服的。

1.3 没时间写？2 种复利思维，让你的写作时间价值翻倍

写作会占用很多的时间吗？这个问题的答案其实是因人而异的。通常来说，正如我们前面介绍的，熟练使用两三种写作结构之后，我们的写作速度就会有明显的提升。写得越多就会越熟练，写作的速度就会越快，所用的时间就会越少。

很多觉得没有时间投入写作的人，并不是真的没有一点儿时间可用于写作，只不过是更愿意把这部分时间用在其他方面而已。很多能够长期坚持写作的人，也并不是生

活很悠闲。恰恰相反，他们中的很多人工作非常繁忙，只不过他们知道，如果将一部分时间用于写作，那么在工作和生活中得到的回馈很可能是加倍的，因此写作特别值得他们投入这部分时间。

财经领域创作者九边写作多年，在全网拥有 1000 多万名粉丝，同时还是两本畅销书的作者，他几乎每天都会在新媒体平台上更新。但是，写作一直是他的副业。直到今天，他依然是互联网公司的一名产品经理，只能在业余时间写作。

很多读者非常好奇，他是怎么做到工作这么忙还能写这么多字的？在九边看来，他没有把写作当任务，而是当成一种有效的学习方法。他大学毕业以后只是一名普通的程序员，经常在格子间连夜调试代码。工作几年后，他就像许多互联网公司的员工一样，时常担心在激烈的竞争中被淘汰，所以始终紧张地奋斗在岗位上。一开始，他只是把写作当成减压的工具，后来他发现，写作可以让他的思维变得开阔，帮助他把知识形成体系，使解决问题变得越来越容易。

现在，他几乎每天都能写 2000 字，写作并没有耽误他的工作，他在公司的职位越来越高，还意外地收获了众多粉丝。他回首过往时说："写作是最值得投入时间的事情之一，就像一盏越擦越亮的灯，你培养它，它就会照亮你。"

虽然职场人士不可能都达到自媒体写作者的水平，但是我们依然可以在职场上发挥写作的复利作用，让一份写作时间带来加倍的回报。因此，掌握以下两种复利思维非常有效。

1. 用写作提升职场影响力

所谓提升职场影响力，就是指在职场上树立你的个人品牌，让更多人认识你，了解你的工作能力。

职场领域创作者粥左罗就是靠写作在职场上成功逆袭的。他曾经告诉他的读者，如果给一个人分享的东西和给一群人分享的东西是一样的，那么，后者的效益是前者的千百倍。写作就是一种高效的交付工具，可以同时、成批量地交付我们的价值。可见，我们应该在合适的场景中尽可能地促使我们的内容得到更多的分发，同时要主动吸引更多人关注。

比如，很多职场人都会遇到写会议纪要的情况，那么如何让会议纪要发挥更大的价值呢？除了交代清楚会议纪要包含的具体事项，有心的职场人还可以在群发会议纪要的邮件中加入以下内容。

会议纪要的第 ×× 条至第 ×× 条需要 ×× 部门经理重点追踪，×× 岗位员工重点关注。

附件 1、附件 2 是 × 项目的具体操作手册，可供 ××部门、×× 岗位重点参考。

PPT 中提到的数据和指标，各位领导和同事如有疑问可以随时与我联系。我的办公电话是 ××××××。

这样一来，本来只在参会人员层面分发的会议纪要，时常会被收件人转给他的领导或下属，或者转给更多与工作相关的员工去了解，而且管理者也乐于转发这样细致周到的邮件给下属学习。不要小看比别人多走的这一步，长期带着这样的思维进行职场写作的人，在完成同样工作的情况下会获得更多的关注，也会比其他人更容易构建和谐的人际关系。

2. 用写作拓宽职业生涯

对于完成基本的职场写作并不困难的职场人，再花一些时间在自己的专业领域进行观点与经验的输出是非常值得的。这个写作过程能激发自己对本职工作的深度思考，让自己不管是在会议发言方面还是在工作总结方面都能更容易比别人出彩。如果这些观点与经验输出幸运地得到了更多人的关注，也许其就打开了另一扇职业生涯的大门，人生会迎来更多新的可能。

九边就是如此，他在《向上成长》中写下了自己对职业的思考和个人的成长经历。该书出版后，北京不少名校老师会在自己的学生毕业时把这本书送给他们。九边也因此成了很多年轻人的励志偶像。现在不管有多忙，他都会抽时间写作，他认为自己必须保持对这项技能的锻炼，万一将来自己的职业规划发生变化，他也可以顺利地转型。

曾任魅族副总裁的李楠在加入魅族之前，持续写了一些关于苹果手机设计的深度观察文章，偶然间被魅族创始人黄章看到了。黄章认为他在手机设计方面很有见解，便邀请他加入魅族。李楠在魅族从负责生产到负责运营，最后升任副总裁，这些职业生涯中的跃迁都始于他在专业领域持续的写作、观点输出。所以，学会写作就有可能帮我们在职业生涯中获得更好的发展。

1.4　没动力写？4 个小技巧，人人都可以让写作成为习惯

翻开本书的读者大多希望提升自己的写作水平，但是很多人会发现，即使知道学习写作的必要性，而且愿意花时间去学习写作方法，并落实到行动上，也难免陷入"懂得许多道理，依然做不好这件事"的困境。

这种情况下，问题往往出在缺乏写作动力上。所谓写作动力，就是一种能够推动我们持续写作的内在力量。缺乏写作动力，我们会在职场上把所有写作都当作任务来完

成，只要脱离了任务的压力，就不会再提起笔去练习写作，也就无法精进写作技能，更不用提尝试职场写作以外的写作类型了。要想解决写作动力不足的问题，单纯靠自律是难以实现的，我们必须运用一些恰当的方法。

职场领域自媒体创作者曹将，从 2014 年开始运营公众号。到目前为止，他写了接近 1000 篇原创文章，平均两三天就要写一篇，很多同期开始运营公众号的人都已经放弃了，他却坚持了 8 年。所以经常会有朋友问他是怎么坚持下来的。

要坚持写作，除了提升能力，做好时间管理之外，以下 4 个小技巧或许能对职场人有所启发。

1. 激发内在动力

曹将每年都会参加自媒体行业朋友的聚会，除了交流学习经验之外，他也会从更优秀的人身上汲取力量。这其实是一种"同伴压力"，每个人都有向好的心理需要，近距离接触更优秀的人，能对自己形成刺激。

这给我们的启示是，职场上，我们要找到多种"刺激源"

来不断激发写作的内在动力。比如，争取在会议上发言，听众的反应会让你对自己的讲稿提出更高的要求；在钉钉上找到让你眼前一亮的工作日志，看一看自己和他人的差距；找到对标的同事，模仿他的写作结构和内容；找到喜欢的自媒体"大 V"，了解他成功背后的故事。

2. 固定的写作仪式

仪式感对很多写作者都比较重要，他们需要让自己进入一种状态，尽快地沉下心投入写作。《时间管理很简单》提到：仪式感是战胜拖延症的有力武器，它就像一条对生活状态与工作状态进行划分的分界线，能暗示我们高效地进入工作状态，比如倒一杯茶、播放音乐、设置好闹钟等，一套启动机制坚持下来，我们的情绪和状态都会被调动起来。

3. 给自己及时的奖励

自媒体行业创作者叶楠，有 10 年以上人力资源行业的经历，是知乎上人力资源和职业规划话题活跃的回答者。叶楠带团队时有一个习惯，叫作"庆祝每一次小的成功"，也就是找各种机会激励员工，项目完工了要庆祝，活动结束了要庆祝，被老板点名表扬了要庆祝。即使庆祝的方式只是享受奶茶、蛋糕、可乐，员工也会感到很振奋。叶楠认为自律这件事本质上是痛苦的，如果没有奖励，谁也坚持不下去，给自己及时的奖励就是在善用人性。

所以，我们也不妨制订一套对自己坚持写作进行奖励的规则，比如，坚持一个月每天写作500字，可以放松一天，和朋友出去玩；报告获得领导表扬，就奖励自己吃一顿好吃的；投稿通过且拿到了稿费，就送自己一件心仪的礼物。

4. 设定清晰的目标

很多人的目标是这样制订的——"我今年要学习写作""我要在下班以前完成这份报告，晚上去约会""我要坚持每天写日记"。但一个事实是，这是愿望，不是目标。我们可以对照 SMART（specific、measurable、attainable、relevant、time-bound）原则判断目标的好坏，具体做法如下。

S（specific）：目标必须是明确的，能够用具体的语言准确地描述出要达到的行为标准。比如，"我今年要学习写作"这种说法过于抽象模糊，没有具体的行为，因此，可以换成：

我每晚睡前要写下读书感想并分享到朋友圈。

M（measurable）：目标必须是可衡量的，可用明确的数据作为衡量目标是否实现的依据。比如：

我每晚睡前要写下 500 字的读书感想并分享到朋友圈。

A（attainable）：目标必须是可实现的。目标不宜过高或过低，合格的目标应该是在执行者的能力范围之内且具备一点挑战性的，所以我们要结合自己的实际情况进行调整。比如，每晚睡前写 500 字，对新手来说有些困难，目标可以修改为：

我每周一、三、五晚睡前要写下 500 字的读书感想并分享到朋友圈。

R（relevant）：目标之间必须紧密相关。如果实现了一个目标，但这个目标与其他目标并无关联，那么实现这个目标的效用就十分有限。所以，我们可以将写作目标与职场目标关联起来。比如：

我每周一、三、五晚睡前要写下 500 字的职场技能书籍的读书感想并分享到朋友圈。

T（time-bound）：目标必须有完成期限。完成期限是我们不能逾越的时间节点，为了给自己增加一些动力，我们可以设计一些"惩罚"措施，然后公布出去。比如：

我每周一、三、五晚睡前要写下 500 字的职场技能书籍的读书感想，并在晚上 10:00 前分享到朋友圈，如果哪天我没有做到，就要给 3 个监督我的朋友各发 10 元的微信红包。

▶ 第 2 章　突破障碍，职场
新人也能赢在起
跑线

TWO

初入职场的新人如果能够给领导和其他同事留下良好的第一印象，就突破了新人期的一大障碍，接下来开展工作也相对会顺利一些。

如何准备一段令人印象深刻的个人简介，成功地在职场上破冰；如何在日常的工作总结中让领导快速地看到内容的重点和自己的亮点，不做职场"小透明"（在互联网用语中指存在感较低的人，被他人当作透明物体，视而不见）；如何有逻辑地向领导汇报工作，给领导留下深刻印象，进而成为领导的得力干将；如何在日常沟通中让同事如沐春风，给自己带来好人缘。

在下面涉及的 4 个职场新人可能会接触的工作场景中，写作起到的作用都很重要。

2.1 展示自我，1 条故事线，让人迅速记住你

大多数职场人首先要面对的写作场景就是自我介绍。无论是在面试环节、新员工介绍环节，还是贯穿职场生涯的各种会议、培训、交流活动等场合，我们都要善于利用自我介绍充分地展示自我，才能在职场上获得更多机会。这就需要我们提前写好一份能够给人留下深刻印象的自我介绍，并熟记它，以便在关键时刻派上用场。

什么样的自我介绍才会令人印象深刻呢？答案就是讲故事。

乔布斯离开苹果公司重新创业时，买下了当时卢卡斯影业旗下的电脑动画效果工作室，并成立皮克斯动画工作室。他曾经问皮克斯的同事们一个问题："谁是世界上最有影响力的人？"在场的人一时不知乔布斯是何用意，然后纷纷说出社会各界的知名人士，可是乔布斯一直摇头。最后，乔布斯

公布了他的答案。"全世界最有影响力的人是'讲故事的人'，因为讲故事的人能够影响他人看事物的角度和价值观。"

同理，我们以讲故事的方式写好自我介绍，就有可能影响他人对我们的看法，让他人在短时间内了解、接纳，甚至喜欢我们。

用讲故事的方式写好自我介绍是一件性价比极高的事情，因为故事具备易传播的属性，可以借助他人之口让更多人认识我们，我们就不用担心成为职场"小透明"了。

当然，在自我介绍中写故事不同于写小说和剧本，我们只需掌握一条简单的故事线，即按照"目标—阻碍—努力—结果"4 个步骤来写自我介绍。我们可以将其想象成一个人努力爬坡的过程，就非常形象且容易记忆了。

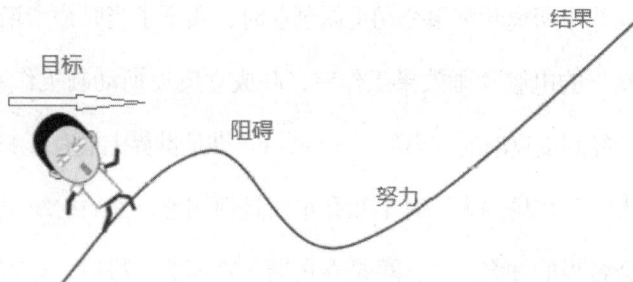

下面是一句我们经常听到的自我介绍。

我曾经带领一个 5 人的团队，负责分公司新客户管理系统上线的项目。

这句话的作者毫无讲故事的意识，这样平淡的表达难以给别人留下深刻印象。如果每段经历都这样轻描淡写，整篇自我介绍就显得乏善可陈了。而按照前文所述的 4 个步骤的故事线来改写，效果就会不一样。

1. 目标

写目标时，除了有一个具体的行动方向之外，还建议突出个人意志和愿望。这有助于体现自己是一个主观能动性很强的人，能给别人留下积极进取的印象。

我们可以采用"我希望""我主动""我有强烈的……愿望"等句式。比如：

在工作中，我有强烈的锻炼自己领导能力的愿望，曾经主动申请带领一个 5 人的团队，负责分公司新客户管理系统上线的项目。

2. 阻碍

有了冲突，故事就会更有吸引力；有了阻碍，成果就更显得珍贵。

在自我介绍中写清楚"我遇到了……困难"，为后续努力克服困难做铺垫。比如：

在这个过程中，我遇到的最大困难是我作为团队中最年轻的一员，难以服众，大家都不愿意听我这个项目主管的安排。

3. 努力

写出努力的过程，可以展示自己独立解决问题的能力和毅力，这正是职场中管理者十分青睐的品质。建议分点阐述，让他人理解起来更轻松。

我们可以用以下句式："为了解决这个问题，我做了以下几点努力""我想出了以下几个办法"。比如：

为了解决这个问题，我做了以下两点努力：第一，向经理说明自己遇到的困难，请求他在内部会议上进行正式的管理授权；第二，设计奖励方案，奖励全程表现优秀的团队成员。

4. 结果

许多人在呈现结果时最容易忽略的就是数据，然而，未经数据量化的结果是没有说服力的。

这类数据可以与"名次""奖金""业绩"等有关。比如：

我负责的系统上线项目获得了总公司考核的第二名，我带领的团队代表分公司拿到了 50000 元的奖金。

有的人可能会犯愁，自己既没有获得过较好的名次，也没有获得过奖金，也可以数据化地呈现结果吗？当然可以，我们都拥有一项宝贵的财富，就是时间。

有时候，我们可以突出效率。用时比他人短，就是一种优势。比如：

我负责的系统上线项目比原定的期限提前 3 个月完成，受到了总公司的高度赞扬。

有时候，我们可以突出积累。获得的经验比他人多，也能得到他人的尊重。比如：

由于这次项目顺利完成，一年内，领导又安排我负责了另外两个更大的项目，这使我在团队管理和项目管理方面积累了丰富的经验。

经过以上 4 个步骤的整理，我们再对比修改前后的自我介绍，是不是发现，用一条故事线做自我介绍其实既有趣又简单呢？按照这样的方法准备 2 ～ 3 条自我介绍的内容，以在不同的场合中使用，我们就再也不用担心在职场上做自我介绍时"词穷"了。

修改范例如下。

在工作中，我有强烈的锻炼自己领导能力的愿望，曾经主动申请带领一个 5 人的团队，负责分公司新客户管理系统上线的项目。

在这个过程中，我遇到的最大困难是我作为团队中最年轻的一员，难以服众，大家都不愿意听我这个项目主管的安排。

为了解决这个问题，我做了以下两点努力：第一，向经理说明自己遇到的困难，请求他在内部会议上进行正式的管理授权；第二，设计奖励方案，奖励全程表现优秀的团队成员。

最终，我负责的系统上线项目获得了总公司考核的第二名，我带领的团队代表分公司拿到了 50000 元的奖金。

2.2　学会总结，3 个原则，彻底告别流水账式工作总结

作为刚进入职场的新人，面对得最多的写作场景应该是写工作总结，因为每位职场人都或多或少地会遇到需要反馈工作进度或成果的场景，比如写工作日志时需要总结一天的工作完成情况，向领导汇报工作时需要总结目前的工作进展与遇到的问题，与同事沟通时需要总结需要获得的支持，更不用提大大小小的周、月、年度工作总结报告了。

很多企业都非常重视工作总结，它们会将某些重要工作、项目或时间阶段的总结称为"复盘"。复盘本来是股市用语，后来被应用在企业管理中，指的是从过去的经验、

实际工作中进行学习，从而帮助企业有效地总结经验、提升能力、实现绩效的改善。

不同的企业对复盘有不同的要求。联想公司内部曾经有这样一个观点：学习能力经过一次次复盘才会越来越强，这实际上是一种智慧。联想员工的复盘既要客观还原事实，又要深度分析原因，这样才能制订出后续可落地的举措。

腾讯是一家互联网企业，腾讯员工在进行日常工作复盘时，经常使用独特的"三段论"复盘方式——整体大盘趋势、小变化、结论。比如：

2017 年在线广告收入增长了 4.3%，其中社交广告收入增长了 63%，结论是，我们很看好 2018 年社交广告收入继续增长，希望公司加大产品和人力投入。

可见，对于职场新人来说，无论是被要求进行复盘还是完成日常的工作总结，都应该首先明确企业的目标，在工作总结中以企业的要求作为指导思想。很多职场新人遇到这些写作场景，只是简单地以"陈述"来应对，于是把自己做过的工作都罗列出来，想到哪儿写到哪儿，就形成了我们常见的流水账式工作总结，这样的工作总结难以给领导留下深刻的印象，更不用说让企业发现你是可培养的人才了。

在大多数组织中，合格的工作总结至少要符合 3 条基本原则，即时间顺序要清晰、问题与举措要并存、关键信息要突出。

我们先来看看以下这份常见的工作总结。

本周开展员工培训两期，共 80 人参训，考试合格率在 90% 以上。

在培训过程中，有员工迟到的现象，需要现场运营多关注。讲师的麦克风出现故障，而现场没有备用麦克风，耽误了时间。

下个月要重点关注员工迟到和备用麦克风的问题。由于本月员工培训人数已达标，不再安排员工培训，组织培训的工作人员也很辛苦。

但是这个月也有完成得特别好的地方：首先，课程质量有较大提升；其次，外聘讲师的授课能力很强，员工很喜欢，下个月还要请这样的讲师来授课；最后，感谢领导的支持，让我们能有这样精彩的员工培训。

这份工作总结，乍看之下似乎没有问题，该说的都说了，但以 3 条基本原则为标准审视，就会发现这份总结还有很大的改善空间。

1. 时间顺序要清晰——从过去到未来，从目标到执行

原文中依次出现了"本周""培训过程""下个月""本月""这个月"，这样的表达方式会让读者觉得很混乱。如果按照"从过去到未来，从目标到执行"的顺序来理顺表达逻辑，则应该先讲"本月工作目标"，再讲"本周完成情况"。比如：

本月工作目标是开展员工培训共 5 期，参训人数 180人，考试合格率在 90% 以上。本周已开展员工培训 2 期，共 80 人参训，考试合格率为 95%。

这样调整表达顺序，读者就能一目了然：只用一周的时间，参训人数和培训次数就接近月度目标的一半，而且考试合格率超过了月度目标，如果每周都能达到这样的执

行效果，达成月度目标就没有问题。

2. 问题与举措要并存——从亮点到缺点，从问题到举措

原文中提到工作中的不足，"讲师的麦克风出现故障""员工迟到"，但并没有提到改善的举措。发现问题并不难，但我们的职场价值和工作能力需要通过解决问题来呈现，所以在总结工作时，我们既要同时呈现亮点和缺点，也要同时呈现问题和举措。比如：

本周的培训，课程质量有很大提升，外聘讲师受到员工欢迎，但仍然存在两点不足：一是员工有迟到的现象；二是麦克风出现故障，而现场没有备用麦克风，耽误了时间。针对以上不足进行改进的举措是，下周开始将员工培训到场情况列入考勤，同时建立培训物料清单，培训开始前一天逐一核对。

3. 关键信息要突出——从结论到分点，从理性到感性

表示感谢的内容在工作总结中是可以存在的，但是在原文中，位于中间的段落用于感慨员工的辛苦，最后一段用于感谢领导的支持，这样随意穿插的形式不太合适。

一方面，理性的职场人会让人感觉更加专业，而"想到就说"的方式会显得过于感性；另一方面，这样的表达方式容易让读者错过本应该关注的关键信息。

那么如何做到使关键信息突出呢？

如果是在口头表达的场合，建议陈述工作内容时不要有情绪的表达，表示感谢的内容集中放在最后，比如：

最后，感谢领导对培训工作的大力支持，感谢组织培训的工作人员的辛勤付出。

如果是书面表达，则建议对关于工作内容的部分进行分点阐述，同样将表示感谢的内容集中放在最后。对照修改范例，我们就会发现，符合 3 条基本原则的工作总结看起来版面整洁，读起来条理清晰，而且按照这 3 条基本原则来写一篇工作总结也会更加简单高效。

修改范例如下。

● **本月工作目标**

计划开展员工培训 5 期，参训人数 180 人，考试合格率在 90% 以上。

- 本周工作完成情况

开展员工培训 2 期，共 80 人参训，考试合格率为 95%。

- 工作亮点

员工对培训工作的评价有所提升。

（1）课程质量有很大提升。

（2）外聘讲师受到员工欢迎。

- 存在问题

培训的运营管理工作仍需完善。

（1）员工有迟到的现象。

（2）麦克风出现故障，而现场没有备用麦克风，耽误了时间。

- 改进举措

针对不足，完善培训管理流程。

（1）下周开始将员工的培训到场情况列入考勤。

（2）建立培训物料清单，培训开始前一天逐一核对。

最后，感谢领导对培训工作的大力支持，感谢组织培训的工作人员的辛勤付出。

2.3 向上汇报，1个"万能"结构，领导喜欢的逻辑表达方式

《向上汇报》一书的作者弗雷德里克·吉伯特（Frederick Gibert）曾说，一生之中，你最孤独的时候只有两次，一次是死的时候，一次是向上汇报的时候。在很多职场新人看来，这句话一点儿也不夸张，因为他们特别惧怕向上汇报。

其实不光是职场新人，很多工作了若干年的职场"老人"也有同样的困扰，他们在向自己的直接上级做汇报时也不自在。大多数人工作久了倒是可以应付，但如果偶尔被其他部门的领导，甚至更高级别的领导叫去汇报工作，就没有那么从容了。尤其是在毫无准备的情况下突然要汇报工作，哪怕只需简单地说几句话，许多人都会语无伦次。

有的人则是恨不得把来龙去脉都说一遍，但他们往往忘了，时间是宝贵的，对繁忙的人来说尤其如此。如果 1 分钟之内我们不能抓住领导的关注重点，汇报的效果就会大打折扣，这样不仅会失去一次表现自我的机会，还可能给领导留下不好的印象。

演讲教练贺嘉，曾经辅导和培训过 1000 余位携程网、今日头条等企业的高管。由于工作的关系，贺嘉平时和高管打交道比较多。他在自己的书中分享过一个有趣的现象，就是中层干部基本都是"80 后"，因此，不少"70后"会在"80 后"的手下做事。这些"70 后"明明有着丰富的工作经验，为什么大都一直干着基层的工作呢？贺嘉发现，那些能够获得晋升的"80 后"都有一个特点，就是善于表达。他们愿意主动向领导汇报，也掌握向领导汇报的方法——他们总能在汇报时快速地吸引领导的注意力。反观大多数的"70 后"员工，他们不太善于在领导面前发言，因此，即使他们很有才华，也很难被领导发现。

由此可见，一个职场人能够快速地升职加薪，工作能力固然是很重要的因素，良好的表达能力也不容忽视，而向上汇报时，往往更需要表达能力，这应该引起职场人士的充分重视。

然而，良好的表达从来不是张口就来的，它需要我们在大脑中先完成内容的组织，这就是为什么优秀的辩论选手和脱口秀演员也得在台下准备文稿。所以，在我们还无法熟练地组织语言完成一次成功的向上汇报时，最好的方法是参考他人成熟的结构多进行写作和汇报练习。

久而久之，不管是通过口头还是书面的方式，我们都能在各种情况下游刃有余地与领导沟通，随时随地成功完成向上汇报。

贺嘉提到过一个向老板汇报的 FFA 结构，即 Fact（事实）、Feeling（感受）、Action（行动）。我们如果将这个结构运用好了，会发现它几乎适合大多数的向上汇报场景。我们需要向上汇报的场景，通常分为 3 种，第一种是领导关心工作进展，第二种是工作出现了问题，第三种是工作值得表扬。下面，我们分别介绍如何在这3种场景下运用FFA结构。

第一种场景，领导关心工作进展。

一项工作在正常推进时，领导最关心的"事实"是什么？通常是工作进度，这部分要用数据进行说明。领导最在意的"感受"是什么？这部分千万不要变成对工作的抱怨或对领导的感激，而是要呈现问题，这是为了在"行动"部分，尽可能地向领导争取资源，比如下面这个例子。

最近一个月公司面试了54位应聘者，通过面试的有8人。（事实）

我感觉，通过××网站应聘的人员资质并不理想，面试通过率不高。（感受）

我申请购买3家网站的付费资料，以获得更多优质的应聘信息。（行动）

第二种场景，工作出现了问题。

一项**工作如果出现问题，最忌讳的事情就是员工在汇报时推卸责任**。领导了解情况时，还会在意负责该项工作的员工是否充分了解工作中的问题，是否有足够的责任心和能力去解决问题。员工只要能够表现出足够的责任心与解决问题的能力，问题反而可能变成展示自我的机会。比如，我们可以像下面这样进行汇报。

最近一个月，公司面试了54位应聘者，通过面试的有8人，与原定目标27人相比仍有较大差距。（事实）

我感觉，我安排部门经理进行一对一面试的效率偏低，导致人员流失。（感受）

在以后的招聘工作中，我想采取多部门同时面试的方式，缩短招聘流程。（行动）

第三种场景，工作值得表扬。

如果被领导当面表扬，我们肯定特别开心，大多数人在这种时候通常会表现得很谦虚，会说"感谢领导，这不是我一个人的功劳""哪里，我做得还不够好""其实我什么都不懂，是领导给我提供了很多指导"这样的话。

这些话没有什么太大的问题，但会让我们错过一个为自己争取更好的职业发展的机会。最好的做法，其实是表现出自己的努力与成果之间的紧密关系，同时表达自己对职业规划的想法。对于一个工作表现优秀又能展现出职业发展自驱力的员工，领导通常都会比较欣赏，也愿意给他更多机会。比如，我们可以像下面这样进行汇报。

最近一个月，公司面试了 54 位应聘者，通过面试的有 27 人，通过率的确是最近两年中最高的。（事实）

感谢领导对我的指导和认可。我觉得，仔细筛选简历，提前与用人部门的经理沟通确认的方式是比较有效的。我也因此发现了自己在沟通和培训方面的兴趣。（感受）

接下来我想尝试新员工培训的工作，提高他们的转正率，不过这需要领导的批准。（行动）

2.4 同级沟通，2 种共情方法，轻松赢得职场好人缘

同级之间的沟通需要用到写作能力吗？当然需要。职场中不少人会有这样的感受：同事之间的很多误会与争执都不是出现在面对面的沟通中，而是出现在微信沟通、

邮件沟通等书面表达的场景中。这是因为对于有问题的文字表达，发送者往往没能马上进行修正或解释。同时，文字无法充分传递发送者真实的表情和语气，口头表达中很平常的话语变成文字，就有可能让人觉得不舒服，甚至感觉被冒犯。甚至有时候发送者已经得罪了人，他却不知道。

但是，在正式的职场沟通中，并不提倡职场人士使用语音功能进行沟通，相比之下使用文字是更礼貌且专业的沟通方式。那怎么样才能避免书面表达引起的沟通误会呢？

我们不难发现，很多善于沟通的人，都非常注重培养共情能力，简单来说就是能设身处地体验他人处境，感受和理解他人心情的能力。

郎平在美国读研究生时学过运动心理学，她在担任女排国家队主教练期间，对待不同性格的队员会采取不同的方法，用对方喜欢的说话方式来沟通。郎平很了解每个队员在不同情况下会有怎样的感受，她曾告诉记者，每个运动员刚来时是什么心情，打替补时是什么心情，打主力时是什么心情，打得好时是什么心情，打得不好时是什么心情，她都基本了解。这正是她带队取得优异成绩的重要原因之一。

可见，共情能力在任何沟通中都非常重要，我们在职场沟通中有共情能力，就可以减少许多不必要的矛盾。尤其是我们在用文字沟通时，无论是微信交流，还是邮件留言，都要提高通过文字"隔空"感受对方情绪的能力，从而给对方留下专业且友善的职场形象。

最简单的方法，就是在表达时慎用"你……""你们……"句式，而多用"我……""我们……"句式。让对方觉得"我们是站在一起的"，就能让双方从共同的利益点出发，从而能避免许多冲突的发生。

1. 指出对方的问题时，多用"我……"句式

领导对下属提要求时直接一点无妨，但同级之间，一方要指出另一方的问题，就需具备共情能力。大多数人在他人对自己提出批评时，会下意识地想要辩解和自我保护，即使已经意识到自己的问题，但这样的心理防卫一旦建立

起来，沟通就变得困难了。

所以，想让对方接受自己的建议，最好用"我……"句式，讲自己的感受，而不是直接指出对方的问题，从而让对方感到"我们是站在一起的"。

比如："我有些地方不理解……""我担心……""我在这方面可能缺乏经验……""上次我也遇到了同样的问题……"

错误：你这份报告中有好几个数据都是错误的。

正确：我对这份报告中的几个数据不理解。

错误：你这样做会让客户觉得很不礼貌。

正确：我担心，这样做客户会觉得我们不礼貌。

错误：你们这样写邮件，客户根本看不懂。

正确：上次我也遇到过同样的问题，我这样写邮件，结果客户说看不懂。

2. 需要对方协作时，多用"我们……"句式

职场协作是一件很常见的事，但为什么一些人在提出

需要协作时，他人就很愿意帮助他，另一些人同样需要协作，他人却表现得不情愿呢？原因是，如果我们让他人感到我们只考虑自己的需要，而没有顾及他人的需要，那么在交情一般的情况下，他人会倾向于给自己行方便，不见得会帮助你。

如果我们习惯先拒绝他人的请求，再提出让他人配合的要求，那大概率会引发矛盾。想让对方配合自己，最好用"我们……"句式，表明共同的利益，让对方感觉到"我们是在同一边的"。

比如："我们来打个配合……""我们现在需要……""我们可能遇到了同样的困难……""这样对我们是不是更有好处……"

错误：你以后不要再发这样的邮件了。

正确：我们来打个配合吧，以后发邮件前一起商量一下？

错误：你换个会议地点吧，这个地方离公司太远了。

正确：我们遇到了同样的困难，会议地点离公司太远了，大家都不太方便。

错误：你这个价格定得太不公平了，不能降一点吗？

正确：能不能考虑把价格降低一些，我们可以长期合作，这样对我们是不是更有好处？

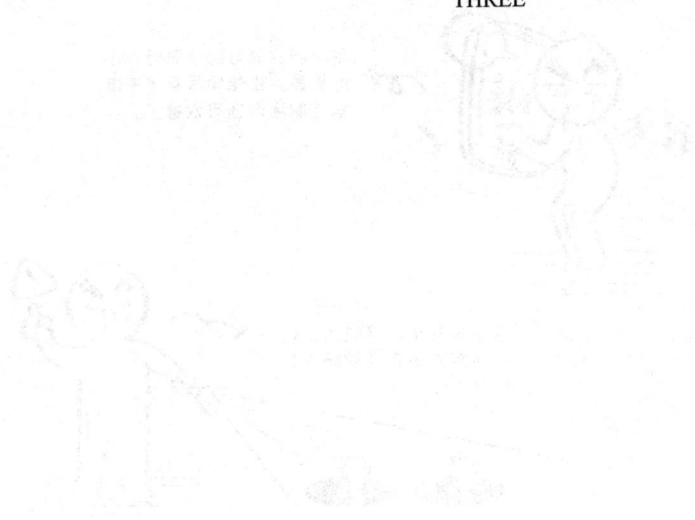

第3章 日常写作，每一次表达都是职场成功的基石

THREE

　　写作不是作家的专利，而是每个普通人把握机会的一把钥匙。随着互联网技术的发展，职场中的很多沟通都是在线上完成的。即使一条微信消息，很多人因为要发给领导或者发到工作群，也会小心翼翼地遣词造句，更不用说写会议纪要、工作日志和办公邮件了。如果没掌握正确的方法，一次日常写作也能难倒一个久经职场的人。但是，掌握了职场写作的基础方法，每一次写作都会成为我们获得成功的垫脚石。

每次回复领导的消息时都小心翼翼，生怕领导看了不满意，职场沟通可太难了。

避免这几个沟通陷阱，你也可以成为高情商职场人！

3.1　微信沟通，别犯 3 个错误，做高效率、高情商的职场人

沟通本身就是一门艺术，而且在我们的日常生活中非常重要。

著名作家屠格涅夫与列夫·托尔斯泰曾多次发生争吵，关系一度陷入僵局。10 多年过去后，托尔斯泰主动给屠格涅夫写了一封道歉信，希望能消除隔阂，屠格涅夫看到信后非常感动，于是两人重归于好了。这就是沟通的力量。如果没有托尔斯泰的主动沟通，恐怕两人真的就老死不相往来了。

得到 CEO 脱不花做过一次调研，问了 3 万多个人他们最想解决的沟通问题是什么。结果显示，超过 56% 的人想了解怎么和老板沟通。职场中，无论向上沟通，还是平级沟通、向下沟通，都是很多人的痛点。虽然大家都懂得沟通的重要性，但是并不是每个人都知道怎么沟通。

桥水公司创始人瑞·达利欧（Ray Dalio）在《原则》一书里讲过自己被公司员工联名弹劾的事情，他收到一份弹劾信，信上写道："瑞有时对员工的言辞，会让他们感觉自己

不能胜任工作、可有可无、被羞辱、不堪重负、被蔑视、被压迫，或者产生其他不好的感觉。由此带来的负面影响是，员工会对瑞持有长久的敌意，员工的积极性被打击，导致工作效率和质量低下，长远来看，还会严重妨碍公司发展。"

瑞这才意识到自己和员工的沟通方式是错误的，对公司造成了负面影响，于是及时采取措施进行调整，避免了局面的恶化。

如今，微信成了一个人与人之间沟通的重要工具。无论在工作还是生活中，微信沟通都体现着一个人情商的高低，还体现着一个人的职业素养和工作能力。微信沟通有很多小技巧，但是要想做一位高效、高情商的职场人士，一定要注意别犯以下 3 种错误。

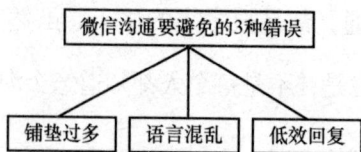

```
          微信沟通要避免的3种错误
         ┌──────────┼──────────┐
      铺垫过多    语言混乱    低效回复
```

1. 铺垫过多

大家微信通信录里的人数越来越多，消息也不可避免地越来越多。如果你发微信问对方"在吗"，这条消息通常会被淹没在对方收到的其他消息中，因为收消息的人无法在第一时间判断你的事情是否紧急，或者会因为忙而忽略掉这条没价值的消息。

职场中尤其如此，我们在微信上沟通的时候，尽量不要发"在吗""有空吗"或者其他问候性的消息。即使要发，也应该紧接着把自己要沟通的问题一并说出来，这样对方看到消息的时候可以根据你的问题给出适当的答案，而减少问候、铺垫的过程，大大提高沟通效率。

"减少铺垫，直入主题"是微信沟通的第一个注意事项，也是让沟通对象能第一时间接收到你的信息的前提条件。

2. 语言混乱

很多人把微信当作一种比较随意的沟通工具，所以在沟通过程中想到什么说什么，这样会导致对方理解起来更费精力，无形中增加了沟通成本。比如，当我们想向别人请教某个与工作相关的问题时，不要一个问题一个问题地发问，而应该组织一下措辞，用一段话把所有问题有序整理在一起，一次性提问。

因为微信不停地显示多条消息会让对方感到焦躁，而且信息会被分散，不利于对方整体理解并回复。所以，一次性说完一件事，更有利于提高沟通效率。

组织微信沟通的语言时要注意 3 个原则：精简——尽可能提炼有效信息，删掉不必要的语气词等；通用——用方便识别的语言，比如时间用 24 小时制、正确使用专有名词等；易读——注意排版，多分段，一段话控制在 5 行以内。

此外，重点内容可以用标点符号标注出来，比如使用"【 】"。

3. 低效回复

当领导通过微信向我们传达一项任务的时候，我们应该怎么回复？这是很多人都会遇到的情况，大部分人都会以最快的速度回复"好的""收到"等无意义的信息，这类回复其实就属于低效回复。认真思考后，我们可以在回复中给出更多有价值的信息。领导交办的这项任务需要在多长时间内完成？是否有参考模板？具体和哪些人对接？如果在看到任务的时候，有这些困惑，那么我们可以在回复"收到"的同时，确认一下这些问题，这样一方面显示我们认真进行了思考，另一方面为我们完成任务扫清了障碍。

同理，对于同事和合作方，我们也可以用这种回复技巧，让沟通更高效地进行。

避免犯以上 3 个错误，职场微信沟通就能大大地为我们助力。下面我们以卢战卡老师和秋叶大叔通过微信沟通一次直播连麦的相关事项为例，进一步理解如何高效地进行微信沟通。

大叔好，中午就要线上见面了，非常期待。在此跟您核对以下消息。

1.【连麦时间】中午 12 点左右连麦，分享交流约 45 分钟。

2.【拉群对接】一会儿拉嘉宾群，方便大家交流，连麦时间若有微调可群内 @×× 沟通。

3.【抽奖互动】我们准备了很多奖品用来抽奖，以增加人气。

4.【适当宣导】我会在连麦前和连麦时对您进行介绍，也会适时释放我的新书预售和视频号课程福利的信息。

5.【避违禁词】为了不影响直播体验，我会让助理把敏感词、违禁词发到群里供您参考。

6.【内容形式】为了让您分享起来更方便，也更有看点，我会根据大家关心的问题采访您。

主要的分享交流框架如下，细节话题则需要随机应变。

1. 您的重点成就的自我介绍。【"轻创"群体感兴趣的】

2. 为什么您能取得这些成就？您的核心心得是什么？【提升大家的获得感和对您的喜欢】

3. 请介绍一下您对所擅长的主题领域的趋势分析和经验方法论。【提升大家的获得感和对您专业的认知】

4. 给大家一些建议。

我们可以发现，卢战卡老师这次沟通的内容并不少，但是一开始就直击主题，全篇没有一句废话。而且内容精简，条理清晰，排版舒服，重点内容用"【 】"标注，信息一目了然。此外，在表达自己诉求的同时，卢战卡老师也会站在对方的角度，为对方的利益考虑。使用这种让人看了就会心甘情愿接受建议的沟通方式，是职场沟通的较高境界。

著名心理学家丹尼尔·戈尔曼（Daniel Goleman）说过："你让人舒服的程度，决定着你所能抵达的高度。"作为一个职场新人，微信沟通往往是我们与其他人最常采用的联系方式，而我们与他人沟通的能力在一定程度上决定着我们未来的发展所能到达的高度。

3.2　会议纪要，牢记 4 个细节，小任务也能体现大格局

据统计，经理们花费在会议上的时间占工作时间的 60% 左右。

会议纪要是每次会议输出的直接成果。写会议记要不

只是行政人员或秘书的专有技能，每次参加会议时，用写会议纪要的方式去整理和理解会议内容，我们能更好地推进工作。

如果只开会，而没有会议纪要，散会后没有相应的文件资料作为行动指南，大部分会议就相当于白开了。

会议纪要对于职场工作的重要性有3点：记录结果——记录会议讨论的问题的结果，方便确认并在会后参考执行；存档——经过确认签字的会议记录可以留存，方便以后对相关工作进行核对；突显专业性——写好会议纪要能体现记录人员的专业能力和责任心，以及流程的规范性。

写会议纪要一般分为3步：首先列出会议的基本信息，然后按照不同议题分别写会议的主要内容，最后简要总结重点内容。

会议的基本信息在会议开始前就应比较清楚，主要包括主题、时间、地点、参会人员和记录人员等5个要素，注明这些信息可方便存档及日后查找。比如下面的例了。

主题："个人品牌万人线上峰会"统筹会

时间：2022 年 1 月 15 日上午 10：00

地点：7 号会议室

参会人员：布莱克、阿童、陈平、李林、佩奇

记录人员：佩奇

会议的主要内容是各议题的讨论情况。一个议题需要被记录的内容有：议题产生的背景，议题讨论过程中的不同观点，最终形成的结果、解决方案。如果涉及具体解决方案的讨论，记录人员也要清晰记录什么事、相关人员、怎么做和时间节点等。比如下面的例子。

议题："个人品牌万人线上峰会"的招生

背景："个人品牌万人线上峰会"直播将于 2022 年 2 月 15 日进行，招生目标为至少 10000 人。

讨论情况：关于招生的不同建议，如公司内部新媒体宣传、外部合作新媒体宣传、社群宣传、直播宣传、招募 KOL 高佣金分销门票等。

讨论结果：综合运用公司内部新媒体资源、社群资源

和 KOL 资源。

解决方案：

1. 公司内部新媒体资源协调排期，每周 1 篇，2 月 15 日之前共发布 4 篇（负责人：布莱克）；

2. 组织一次直播，重点宣传"个人品牌万人线上峰会"活动，1 月 30 日之前完成（负责人：阿童）；

......

最后简要记录重点议题、解决方案和待定事项等。比如下面的例子。

重点议题："个人品牌万人线上峰会"的门票价格、招生、社群运营。

解决方案：

1. 门票价格为 99 元，赠送《个人品牌技能指南》和《个人品牌 7 堂课》两本实体书，以及个人品牌网课；

2. 布莱克、阿童和陈平综合运用公司内部新媒体资源、社群资源和 KOL 资源进行招生；

3. 李林负责本次活动中学员社群的运营工作。

待定事项：邀请金山合作方作为特邀嘉宾进行半小时的主题分享。

我们在写会议纪要时，一定要注意以下 4 个方面的细节，才能做到心中有谱，下笔有思路。

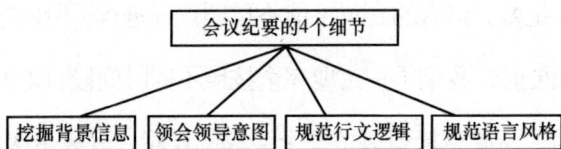

```
        会议纪要的4个细节
   ┌──────┬──────┬──────┐
挖掘背景信息  领会领导意图  规范行文逻辑  规范语言风格
```

1. 挖掘背景信息

无论是会议的背景信息，还是会议中不同议题的背景信息，一定都要做好记录。在写会议纪要时，要用简单的语言交代清楚各个议题的背景，保证让没有参加会议的人能通过会议纪要理解会议的各项内容。

2. 领会领导意图

一般会议中具有决策权的是领导，因此写会议记要时需要重点记录领导发言中的关键词、结论和决定等信息。写会议纪要的目的是传达领导最终的观点和决定，注意不要直白地写领导说了哪些话，而应该提炼总结领导原话的要点，然后用"会议强调""会议认为""会议指出"等词引出领导的观点。

3. 规范行文逻辑

有的会议有会议议程，这样我们就可以直接按照议程来写会议纪要。但有的会议可能不按照议程进行，所以在整理会议纪要时，我们不一定要完全按照不同时间段讨论的内容来撰写，而应该梳理清楚整个会议的逻辑，分清主次议题。只有这样，会议纪要才能让人一目了然，获得领导的称赞。

4. 规范语言风格

会议纪要毕竟是正式文件，可能在全公司传阅，因此不宜用过于直白的语言，而应尽量从客观的角度，以中立和商业化的语言进行撰写。但是会议纪要属于提炼总结关键信息的文件，也不宜使用太多官方话语。此外，切记不要在会议纪要中有意或无意地发表自己的看法，而应该完全尊重和呈现会议讨论结果。

在撰写会议纪要的过程中，如果记录不完整或者记忆模糊导致有些细节不清楚，不用太担心，因为我们可以让参会人员进行确认。在完成会议纪要初稿后，记得对照参加会议时做的笔记检查一遍，并将会议纪要初稿发给其他参会人员进行确认，这样就能最大程度地保证会议纪要的完整性、准确性、价值性。

某大型互联网公司的行政主管认为，一份优秀的会议纪要和一份普通的会议纪要所具有的价值相差 10 倍。所有的差距都体现在细微之处，从细节处着手，从写好一份会议纪要开始，成倍地创造会议纪要的价值，才能逐渐提升个人核心竞争力，实现职场进阶。

3.3　工作日志，3 个用心处，平凡的工作也能写出亮点

罗振宇曾说过："持续、长期地守住目标的行为模式，就叫作'长期主义'。只有长期主义者，才能成为时间的朋友。坚持写工作日志是一种长期主义行为。做时间的朋友，时间回馈给我们的远比我们想象的多。"

　　但是写工作日志对于很多职场人来说简直是噩梦。有的人觉得写工作日志没有意义，徒增工作量，于是敷衍了事；有的人觉得写工作日志很重要，每天像写作文一样，洋洋洒洒写一大篇，事无巨细。这两种对待工作日志的态度都不可取，写工作日志是为数不多的展示自己的方式，我们既要认真对待，也要学会聪明、有技巧地对待。

　　曾任英特尔公司 CEO 的安迪·葛洛夫（Andy Grove）说："高层领导有时候很晚才知道周围的世界已经改变了，而老板常常是最后一个知道真相的人。"工作日志不仅能让同事了解我们的工作进度，知道怎么与我们协作，还能让领导随时掌握我们的工作进度，看到我们的工作能力和对工作的理解，从而挖掘我们的潜力。

　　至于如何将平凡的工作写得出彩，建议从以下 3 个方面进行优化。

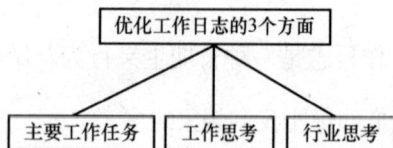

```
        ┌──────────────────┐
        │ 优化工作日志的3个方面 │
        └──────────────────┘
         ／        │        ＼
┌──────────┐ ┌────────┐ ┌────────┐
│ 主要工作任务 │ │ 工作思考 │ │ 行业思考 │
└──────────┘ └────────┘ └────────┘
```

1. 主要工作任务

写工作日志不是将我们做的所有事情都写上，而是主要写和业绩考核相关的工作项目。"主要工作任务"是一份工作日志的基础，一般包括当日工作完成情况和明日工作计划。

只是简单罗列一天的工作任务显然是不够的，比如下面这份工作日志。

（1）跟进新品的"双十一"营销活动。

（2）处理微信社群中的日常问题。

（3）参加部门例会。

作者虽然大概写出了自己的工作内容，但是并没有对工作进行分类，没有突出主要工作任务，而且只写了自己干了什么，领导和同事不知道工作的具体进展情况和完成效果，无法从这份工作日志中获取有价值的信息。因此，这份工作日志的写作是失败的。

稍微改一下，这份工作日志就合格了，如下所示。

（1）跟进新品的"双十一"营销活动。已确定选品、营销方式和具体操作时间，下一步是确认选品的优惠价格。

（2）处理微信社群中的日常问题。今天收到 10 多个人对产品 A 的咨询，该产品近日有一定的热度，建议加入明晚直播的选品中。

我们可以发现，这份工作日志删掉了原来的"参加部门例会"，因为这并不属于主要工作任务，而且和绩效无关。修改后的工作日志，一方面便于自己和领导、其他同事同步一些重要信息，另一方面也能将自己的工作进度进行详细汇报，方便他们配合自己的工作。同样，明日工作计划不仅需要写计划完成哪些任务，还应该把具体计划进度和需要的支持写出来，方便明日工作的开展。

2. 工作思考

工作日志中，除了要写清楚自己做了什么，还应该写出自己对每项工作的思考，让领导知道我们对每项工作的理解是否正确。积极正确的工作思考能帮助我们得到领导的赏识，给领导留下好印象；而有偏差的工作思考能让领导及时给予正确的指导，有利于后续工作的开展。

对每项工作的思考可以从以下两个角度展开。

指出某项工作建议或决策的依据是什么。比如：

建议在小红书上创建一个企业账号，因为小红书最近在大力开发与电商相关的功能，用户数据也表现得很好，提前布局有利于后期营销和带货。

指出某个方案或项目有哪些可以预见的风险。比如：

建议在小红书上创建一个企业账号，但是需要经过详细的选题调研和策划，如果选题方向不适合小红书的用户，则很可能导致创建和运营账号的努力白费。

工作思考是职场人的一项重要职场能力，因为善于呈现自己的工作思考的人，能最大程度地让自己的工作透明化，这也是让领导对自己工作放心的好方式。

3. 行业思考

行业思考可能和自己的工作没有直接关系，主要是针对自己所处行业的一些最新动态进行的一系列思考。我们可以将行业思考呈现在工作日志中，让领导看看，或许其能从这些信息中发掘出新的机会。

无论是一篇公众号文章的观点，还是关于其他公司的一些新产品、新策略的资讯，都可以作为行业思考的内容体现在工作日志中。

互联网公司 Facebook（脸书）正式更名为 Meta（元），是又一个商业巨头进军元宇宙概念的标志。元宇宙概念已经席卷全球，成功吸引各大资本纷纷入局，引发了全球网友的大量讨论。

再比如：

在当当网上搜索"Excel"关键词的时候可以发现，排名靠前的 5 本书中有 4 本书都带有"数据分析"这一关键词。这说明学 Excel 的人中有很大一部分都有数据分析的需求，如果公司的 Excel 训练营要扩充品类，可以考虑扩充一个"Excel 数据分析训练营"。

乔布斯说："我跟着我的直觉和好奇心走，遇到的很多东西，此后被证明是无价之宝。"我们除了要做好自己的本职工作，还要善于思考整个行业的发展趋势，这样能帮我们及时做好准备应对变化，迎接红利。而领导通常是关注大趋势的人，我们将自己的思考呈现给领导，和领导保持同频，就更有可能获得领导的青睐，收获更多发展机会。

一份小小的工作日志可以为我们本来平凡的工作增添亮点，并对我们的职业发展产生很大影响。从以上 3 个方面去优化我们的工作日志，能助力我们在职场上进阶，何乐而不为呢！

3.4　办公邮件，优化 4 个部分，每封邮件都是你的个人品牌

不要轻视任何一封职场邮件。1998 年，eBay 公司创始人皮埃尔·奥米迪亚（Pierre Omidyar）想招聘一名优秀的CEO。经过筛选，产生了 5 名候选人，皮埃尔实在不知道怎么选，于是给 5 名候选人都发了同一封邮件："我是你的一个客户，我的卫生间漏水了，你能帮我吗？"只有候选人梅格·惠特曼（Meg Whitman）回复了这封邮件，于是她就被选定为 eBay 公司的 CEO。

职场中邮件的重要性显而易见，邮件甚至可以作为一些商业往来的法律依据。相较于通过微信、QQ 等进行即时沟通，发送邮件是一种更为正式的沟通方式，邮件也是很多职场人的职场名片。尤其是在大公司，邮件扮演着很重要的角色，然而很多初入职场的人因为不够重视邮件，所发出的邮件并不规范，导致收件人体验感差，影响沟通效率。

通常来说，一封合格的邮件需要满足 4 个条件：主题明确、逻辑清晰、行动指令明确、关联对方的利益点。只有这样，收件人才能迅速理解邮件的重点信息，并且给予反馈。

要使一封邮件满足以上 4 个条件，我们可以在以下 4 个部分，即主题、正文、结尾、附件的撰写中给予关注。

```
        ┌──────────────┐
        │  邮件的4个组成部分  │
        └──────┬───────┘
    ┌─────┬────┼────┬─────┐
  ┌───┐ ┌───┐ ┌───┐ ┌───┐
  │主题│ │正文│ │结尾│ │附件│
  └───┘ └───┘ └───┘ └───┘
```

1. 主题

一封邮件首先被关注的地方就是主题，它决定着收件人是否会第一时间打开邮件。想想我们的邮箱里堆积着多少没有打开的邮件，有些是广告邮件，有些是工作往来的邮件，但是我们看到标题后觉得不紧急，因为邮件不像微信消息等即时消息那样需要立马回复，于是我们就想着等有空时再看，但之后可能再也没有想起过这封邮件。可见邮件主题多么重要，只有让收件人觉得这封邮件和他有关并需要给予反馈，他才会更快地打开邮件。

如果邮件很重要，需要收件人及时反馈，我们可以在邮件主题中用"【 】"强调自己的期待，比如【需要 3 月 10 日之前反馈】。

如果我们要给领导发一份营销策划方案并需要他确认，与其将邮件主题写为"××活动营销策划方案"，不如写为"请王总确认××活动营销策划方案"。加了"请王总确认"，领导就能在看到这封邮件时立马知道自己要做什么。一般情况下领导会立刻行动，及时针对邮件给出反馈。

如果我们有一份直播选品信息着急找电商部同事确认，

与其将邮件主题写为"直播选品信息待确认",不如写为"【需要在周二下班前反馈】直播选品信息待确认",后者能让收件人意识到事情的紧急性,从而按时回复邮件,让工作正常进行。

学会用祈使句,让对方知道自己应该怎么做很重要,否则我们的邮件就可能被忽视,躺在对方邮箱的一堆未读邮件中。

2. 正文

正文很可能出现以下问题:要么提供的信息太少,收件人无法准确获取信息,看完不知道怎么做;要么信息杂乱,长长的几段话让收件人没有耐心读完,难以找到关键信息。

让人感到清晰好懂的正文往往是那种分条陈述,有重点、有明确行动指令的内容。撰写正文时,我们可以列条目,按照重要程度依次列出关键信息,推荐按照"行动指令—项目背景或目的—进展情况"的顺序撰写正文。比如下面这个例子。

(1)3月20日视频号直播带货的选品清单请您确认,

选品清单在附件中。

（2）这次直播主题为"职场提升小技能"，主要是向职场"小白"分享职场技能，同时销售相关的书、网课和训练营产品。

（3）本次直播目前已经有 5000 人预约，选品清单确认后，我们将进行最后一轮社群宣传。请在 3 月 17 日中午12：00 之前确认选品清单。

注意分条陈述时，一行一条关键信息，比如时间、地点等信息分行写，不要堆在一段话中。总之，正文部分做到清晰、有条理，才能让人读起来更舒服，能够准确获取关键信息，从而快速反馈。

3. 结尾

结尾一般只有一段祝福语，但是如果邮件内容太长，收件人可能阅读完就忘记自己应该做什么了，所以我们需要在邮件结尾处重申这封邮件要求的行动，并且明确需要对方反馈的期限，使收件人读完邮件后能立马着手处理。比如：

本次营销活动是这个季度的重点项目，想得到您对营销策划方案的指导，如果方便的话，本周五下班前希望收到您的回复。

如果不需要对方回复，也可以写上一句：本邮件不需要回复。

最后，表达一下感谢和祝福即可，比如"特别感谢""祝好""恭祝商祺"等。

4. 附件

如果需要上传附件，建议在写正文之前上传，避免漏掉附件。附件的名标需要注意，一份没有关键词的附件很可能会被收件人忽略。正确的附件名标包含文件主题，以及作者和日期，有必要的话也可以像写邮件主题一样，把行动指令加进去。比如：

"双十一"天猫店活动策划方案 20220310-by 阿童

3 月 20 日直播选品清单待确认 20220310-by 阿童

以上就是写办公邮件时需要注意的 4 个方面，此外我们回复邮件时也要注意及时、准确。邮件是很正式的工作沟通方式，也是留存证据的方式，所以我们应该谨慎对待每一封邮件，保证主题明了、逻辑清晰，给对方好的阅读体验，同时为自己塑造一个专业的形象。坚持这样做，每封邮件都能帮助我们打造个人品牌。

第 4 章　升级写作力，快速实现职场跃迁

FOUR

"不会写作，将丧失部分职场竞争力。"这句话并不只是吓人而已，几乎所有核心工作都离不开写作，比如产品的营销需要营销文案，项目的推进需要策划方案，项目结束后需要复盘，年终需要对工作进行总结和展望。学会写作，能让我们的专业能力得到最大程度的施展，也能帮助我们打造核心竞争力，从而快速实现职场跃迁。

4.1　营销文案，4 个标准步骤，让用户心甘情愿下单

"小米，为发烧而生。"

2010 年，随着小米手机的诞生，这句广告语也应运而生。虽然这句广告语曾被不少人调侃，但它能让人留下深刻的印象就是最大的成功。

小米公司的联合创始人黎万强在《参与感：小米口碑营销内部手册》中提到小米在产品文案上的两大要求：一是要直接，讲大白话，让用户一听就明白；二是要切中要害，可感知，能打动用户。"为发烧而生"简单直接，并且完美体现了小米手机"高性价比"的特点，正好符合这两大要求。

相同的信息用不同的方式说出来，给人的感受是大不一样的。优秀的营销文案都能在一定程度上对人们产生影响，这是由个人看到营销文案后的反应流程决定的。

根据营销模型 AIDA，消费者从接触营销信息到完成购买，会经历注意（attention）、兴趣（interest）、欲望（desire）和行动（action）4 个连续的阶段。一篇高转化率的营销文案需要就这 4 个阶段给出针对性的措施，才能达到成功营销的目的。

引起注意 ▷ 激发兴趣 ▷ 提升购买欲望 ▷ 引导下单行动

1. 引起注意

通常由文案标题承担"引起注意"的重任。在浩如烟海的信息中，标题最能引起读者的注意，能让其查看后面的内容，从而提高成交的概率。使用以下3种方法撰写标题，能为一篇营销文案加分不少。

（1）引起悬念。引起悬念通常指提出一个读者感兴趣的或者和读者有关的问题，但不给出答案。例如"月薪3000元和月薪3万元的运营人员的区别""×××消失后，最受益的竟然是他"。

（2）警告常见错误行为。告诉读者做某件事会产生某种严重的后果，让读者产生好奇，从而让读者继续阅读以寻找答案。例如"原来'你真棒'，是对孩子的伤害""千万不要用微信发原图，会暴露智商"。

（3）数据说明。使用数据，一方面能让标题更有说服力，另一方面也能给读者带来一定的震撼，从而更好地触动读者的情绪。例如："99% 的人都没用过手机的这个功能""关于狗狗的 10 个冷知识，你不一定都知道"。

2. 激发兴趣

星巴克借助"五感营销"获得了巨大成功：店内播放柔和的音乐（听觉），四处弥漫着浓郁的咖啡香（嗅觉），除了好咖啡还有可口的甜品（味觉），店内雅致的装修（视觉），一年四季舒适的温度（触觉）。

同样，将"五感法"应用在营销文案中，能让读者对产品建立一个全面的认知，从而激发其对产品的兴趣。我们观察世界万物时，充分利用了我们的 5 种感官——眼睛、耳朵、鼻子、舌头、皮肤，从而产生视觉、听觉、嗅觉、味觉和触觉。当我们用文字把对某个产品的 5 种感受描绘出来时，读者就会拥有身临其境的感觉。这种写作方法就是"五感法"，下面以描写珍珠奶茶为例进行讲解。

圆嘟嘟的黑色珍珠粉圆缓缓落入乳白色的奶茶中，沉在杯底若隐若现（视觉）。一股浓浓的奶香味，夹杂着一股淡淡的红茶芳香散发开来（嗅觉）。随着"咻"的一声，珍珠粉圆和奶茶通过吸管被吸入口中（听觉）。香甜的奶茶瞬间唤醒了味蕾，软糯的珍珠粉圆咀嚼起来 Q 弹爽滑，奶茶入喉唇齿留香（味觉）。奶茶的温热透过环保纸杯传入手心，仿佛冬日的寒冷已经离我们远去（触觉）。

3. 提升购买欲望

读者虽然通过大段文字描述了解了产品，产生了兴趣，但也会对产品的效果产生怀疑。产品的效果是否真实可信，决定着他们是否想要花钱购买。

"王婆卖瓜，自卖自夸"在这个时代是无法让读者相信的，只有通过一些权威证言、顾客证言、实证事实，来证明你的产品值得购买，才能赢得读者信任。

一本书，如果卖家说它有多好，大部分读者是不会轻易相信的，尤其在这个广告泛滥的时代，我们会更加警惕产品的质量。如果莫言推荐了这本书，那么就不一样了，估计很多人都会相信这本书真的写得好。这就是权威证言。

从 2015 年起，我们经常可以在街头看到很多有艺术感的图片，并且图片下方会有一行字 "Shot on iPhone"（使用 iPhone 拍摄）。这些图片是网友用不同型号的苹果手机拍摄的。苹果公司将一些拍摄得好的图片筛选出来用作宣传，以反映 iPhone 摄影功能的强大。这就是顾客证言。

被誉为"广告之父"的奥格威（Ogilvy）说过，他讨厌空洞的形容词，喜欢写让人惊叹的事实。劳斯莱斯汽车广告就是他写的："在这辆时速 60 英里（约 96 千米）的劳斯莱斯里，最大的噪声来自它的电子钟。"这样一句话，用事实将劳斯莱斯的隔音效果展现得淋漓尽致。实证事实更能让读者产生信任，从而产生购买行为。

4. 引导下单行动

通用汽车在每年要推出新款的时候，都会利用促销手段把积压的产品销售出去。一般是在原价的基础上优惠一定金额，比如原价是 19800 美元，优惠价是 19000 美元。这样的促销幅度看起来并不大，效果也一般。而通用汽车改变方式，利用返现模式进行促销，即消费者以原价购买，可以获得 800 美元现金。这种方式在当时大受欢迎，其他汽车公司纷纷效仿。

和少付 800 美元相比，返现 800 美元能给人带来更多的获得感，从而让消费者更快下单。

在引导消费者产生下单行动时，价格是很重要的因素。使用价格锚点，可以让消费者更容易相信当前价格是优惠的，当前产品是值得购买的。对于一个产品，消费者第一眼看到的价格就是价格锚点。价格锚点会对其购买这一产品的心理价位产生长期影响。

比如某产品的原价为 599 元，优惠价为 299 元，这里的 599 元就是价格锚点，提升了消费者对产品的价值感知，消费者认为产品价值 599 元，而优惠价能让消费者感觉自己能以低价格买到高价值的产品，从而产生下单行动。

我们还可以通过计算的方式，让消费者认为一件高价产品并不贵。比如一个产品售价为 3000 元，消费者可能会觉得很贵，但是这个产品如果可以使用 10 年，那么每天就只需要花不到 1 元，这样消费者就会觉得便宜。

此外，一个优惠价格搭配限时促销或者限量促销，能最大程度激发消费者下单的冲动。因为限时、限量会给消费者造成一种无形的压力，让消费者产生对错过最佳价格的恐慌感，甚至是"没有用优惠价买就是亏了"的错觉。

史玉柱说过："营销是没有专家的，唯一的专家是消费者，你只要打动消费者就行了。"营销文案是一种高效率的销售方式，写营销文案时，我们想表达的东西很多，但是消费者的耐心是有限的。在有限的文字和时间中，只有符合消费者心理预期的营销文案才能让消费者心甘情愿下单。

4.2 项目策划，1 个"高手级"框架，新手也能落地实施

1987 年，摩托罗拉公司设计了第一代卫星移动通信系统——铱星移动通信系统，该系统让"卫星手持电话"可以通过卫星在地球上的任何地方发射和接收电话信号。铱星移动通信系统计划总投资规模为 34 亿美元，在技术方面，系统已经突破了关键性问题，系统研发的各方面都进展顺利。

1998 年，就在铱星全球通信业务正式开通时，普通手

机已经完全占领了市场，而摩托罗拉公司由于没有足够稳定的用户，亏损巨大。这导致其在 1999 年 3 月 17 日正式宣布破产。

为什么这么大的一个项目最终失败了呢？因为摩托罗拉公司早期的项目策划方案不够完善，没有对移动通信市场做出准确的判断。

美国项目管理专业资质认证委员会主席保罗·格雷斯（Paul Grace）说："当今社会，一切都是项目，一切都将成为项目。"在工作逐渐项目化的今天，项目策划是否有效决定着一个项目是否能顺利进行。项目策划方案会因项目的不同而有所不同，但是撰写项目策划方案有一个"高手级"框架，按照这个框架撰写项目策划方案，能有效指导项目的实施和完成。框架的搭建分为以下 5 步。

真实需求分析 〉 分析思考 〉 策略推导 〉 执行规划 〉 创意呈现 〉

1. 真实需求分析

我们接到一个项目策划的任务后，首先要对公司策划这个项目的意图进行分析，找到其真实的需求。我们在写项目策划方案的时候，最开始就要总结项目施行的主要目的，只有准确了解项目施行的目的，后续的项目策划才能瞄准目的地进行，最终项目才可能取得成功。

但是一个项目的真实需求有时候是多方面的，比如做一个促销活动的目的可能不只是把产品卖出去，还有提升产品知名度、处理库存等。

所以，我们在进行项目策划前，不仅要找到主要的需求，还应该找出隐藏的需求。当我们把需求完整地呈现出来时，项目策划方案通过管理者批准的可能性才会更大。

2. 分析思考

我们明确了项目的真实需求后，就要分析和思考，挖掘深层次问题，寻找解决之道。

我们在进行项目策划时，通常要进行背景分析、竞争分析、目标人群分析等，这些分析都是根据项目的真实需求进行的。对于这 3 个方面的分析，我们需要根据具体项目灵活进行，不是必须全部分析透彻，它们在不同方面的重要程度是不一样的。

背景分析是指分析一个项目是在什么样的情况下开展的。比如某个公司想要开拓汽车维修的新业务，那么相关人员在进行背景分析的时候，首先要分析社会整体情况，比如全国汽车总量、已有汽车维修业务的企业状况、汽车维修需求量等；其次要分析企业内部现有项目的发展状况、人员配置等。

知己知彼，百战不殆。了解行业竞争的状况非常重要，有利于我们找准自己的位置，而不是盲目地拓展不适合自己的市场。还是以汽车维修项目为例，行业竞争来自多个方面：供应商的产品质量和价格、潜在的竞争对手、消费者的需求心理、同区域的其他汽车维修店……

对目标人群进行画像分析必不可少，即通过数据调查对目标人群的基本特征、行为偏好、圈层等方面进行分析。依旧以汽车修理项目为例，一家汽车维修店的目标人群可以总结为某具体区域的中高档车车主，特别是那些几乎每天都会使用汽车的车主。

3. 策略推导

经过以上步骤,我们通常会得出一定的结论,在这些结论的基础上推导出应对策略,就是策略推导。这个步骤是项目策划过程中的精华部分,因为真实需求分析和分析思考都是为策略推导服务的,同时,策略推导也直接决定着后面的执行规划和创意呈现。

策略推导不是随便就能完成的,也不是只堆数据,而是将分析思路展开从而解决问题的过程,需要我们保持敏锐的行业洞察力,还需要我们有一定的数据分析能力。

策略推导可以分为 4 个步骤:由同类产品现状推断未来的机会点,在企业的发展中寻找独特的、可以流传的品牌或者产品故事,通过目标用户的消费行为找到联系点,关注当代社会的发展趋势。

4. 执行规划

一个项目策划方案做得再好,最终也是为了实施,所以策划方案要可以落地,并且要有助于达成项目的目标。

在做执行规划的过程中，我们需要明确时间节点、阶段目的和策略、各阶段节奏等，要确保这些内容尽可能清晰明确，让人一眼就能看懂要怎么做和为什么要这么做，同时能预测执行效果。

在做执行规划的过程中，我们还需要对人力、物力等做出明确的规划。

5. 创意呈现

支付宝蚂蚁森林用户数已经超过 5 亿，用户每天完成浇水任务，积累到一定的浇水量之后，支付宝官方就会在用户指定的荒地上种下一棵树，同时给用户颁发有仪式感的"植树证书"。

蚂蚁森林这个项目就巧妙地运用了"公益"和"用户的使命感"为支付宝做了一次很好的营销，从而达到支付场景延伸、提高用户使用频次、增加社交场景、应对微信支付的竞争压力等目的。

但是，我们要知道创意不只是一个创新的方法、亮眼的主题或者"爆款"文案，还要在执行策略的过程中，用创意解决问题，用创意支持策略的实施。

项目策划是一种系统的计划，其范畴很广，无论是一个新产品的研发策划，还是一个新品牌的营销策划，甚至是一场直播活动的策划，都可以作为一个项目。按照"高手级"的框架撰写项目策划方案，可以使其更好地通过管理者的审核并且落地实施。

4.3　项目复盘，掌握 4 个技巧，每项任务都能事半功倍

王健林十分善于反思和总结，因此他在管理企业的过程中建立了一套行之有效的项目复盘机制，推动了万达的快速发展。在万达的项目复盘会上，参会人员常常被要求至少提出 2 点不足或 3 个建议，而且关于不足之处，大家都会畅所欲言。

"有一个问题被忽略了，文化节得有自己的标识和主视觉识别，形成独立的体系。"

"建议在活动预热期征集创意与祝福语。"

……………

在这样"有什么说什么"的氛围下，大家提出的问题和建议，不少是真实的、可行的，大大提升了复盘的效果。

2007年，英国石油公司通过复盘等方法，一年为公司节省7亿美元，其前任CEO约翰·布朗（John Browne）说："大部分活动或任务都不是一次性事件，即使是钻一口井、在加油站给顾客加油，我们都会重复做一些工作。此时我们工作的目标很简单——每重复做某件事时，都要比上一次做得更好一点。"实践证明，对于个人和企业来说，复盘是一项重要的职场技能。

越来越多的企业逐渐认识到复盘的重要性，它们会要求员工在完成一个项目之后，写一份项目复盘报告，以有效积累相关经验。初学复盘时，我们需要掌握以下4个步骤，让工作变得事半功倍。

回顾目标 ▷ 评估结果 ▷ 分析原因 ▷ 总结经验

1. 回顾目标

复盘的第一步是回顾这个项目的初始目标，即策划项目时的目的或者目标具体是什么，以及当时的具体实施计划有哪些。以联想的一份 ERP 项目复盘报告为例，报告的第一点就是"目标"，总目标如下。

总目标：在保证系统运行、支持业务运作的基础上，实现 ERP 系统的全面推广，完成部分优化，进一步为公司的信息化建设夯实基础。

具体目标则分为"大区平台财务及销售""QDI 业务"等 6 个方面。

2. 评估结果

回顾目标之后，紧接着就要呈现项目的实施结果。例如，实际上做了什么，有什么样的结果，和目标相比，实际完成度怎么样。还是以联想的 ERP 项目复盘报告为例，报告的第二点——"实施状况"就是对结果的陈述，如下所示。

在 ERP 项目的总目标及总体实施计划的指导下，在规定的时间内，ERP 项目的六大具体目标已顺利达成，同时还根据具体的业务要求，完成了不在计划内的 6 个项目。

以下从项目和运营支持两个方面对项目实施状况进行具体说明及分析。

"基于项目的说明及分析"部分用列表的形式展现 12 个项目的名称、实施周期和上线时间，清晰明了。

序号	项目	实施周期	上线时间
01	平台推广项目	2 个月	10.8 2.5 4.2
02	立体库项目	8 个月	12.4
03	账务信用优化项目	4 个月	12.4
04	FI/CO 模块实施项目	2 个月	12.27
05	ERP 系统迁移	2 个月	1.2
06	折扣包监控项目	1 个月	1.2
07	HR 项目	5 个月	1.5
08	R/3 系统架构优化（一期）	6 个月	4.2
09	台式电脑事业部拆分项目	2 个月	4.2
10	财年调整项目	2 个月	4.2
11	变式 BOM 项目	5 个月	4.16
12	QDI 项目	8 个月	5.8

"基于运营支持的说明及分析"部分则用"业务需求分布"的饼状图展现了各部门在该项目中的业务需求构成占比情况。

3. 分析原因

清晰地呈现了目标和结果之后，我们就要正式分析项目完成情况和预期是否有差异及为什么会有差异，或者如期完成的原因是什么。简单来说就是，项目成功的原因是什么，项目失败的原因又是什么。总之，我们需要对所有因素进行归纳总结。

在联想的 ERP 项目复盘报告中，"分析原因"部分主要包括了"人员队伍""费用分析""收益分析"3 个板块，这样能清晰地呈现项目的主要参与人员情况、支出情况和收益情况，比较全面地分析项目超预期完成的原因。

4. 总结经验

通过分析原因提炼出可复制的经验，就是项目复盘的终极价值。我们可以分析在此次项目中学到了什么，接下来可以怎么做，下次项目中可以借鉴的经验和需要避免的行为有哪些。

依旧以联想的 ERP 项目复盘报告为例，"经验总结"部分为未来 ERP 项目的实施乃至信息化建设提供了 5 条有价值的经验——以业务为导向的项目组织模式，具有联想特色的项目实施方法，具有联想特色的项目管理方法，加强沟通并密切协作，队伍的培养和能力的成长。

这5条经验并不是纸上谈兵，而是给出了具体可行的方法，比如第二条"具有联想特色的项目实施方法"里就规划了8个ERP项目实施阶段，且每个阶段都有明确的任务，只有完成上一阶段的任务，才能进入下一阶段，对于保证项目的顺利实施有重要作用。

项目复盘不一定是针对大项目的，也不一定是大项目完成之后才做的。对于小项目，我们也可以进行复盘，比如一次两小时的直播、一篇公众号文章的撰写发布等。同样，对于大项目，我们可以分阶段进行多次复盘，比如一本书的出版、为期一个月的训练营的开展等。任何有必要总结反思的工作都可以随时进行复盘，而将复盘内容按照上述4个要点书面化，有助于工作的高效推进。

比如复盘一篇公众号文章的成功发表，具体内容如下。

回顾目标：文章发布3天后的转化率是多少（总目标），阅读量、点赞量、转发数和评论数分别是多少（具体目标）。

评估结果：根据文章发布3天后的各项数据，判断是否达成各项目标。

分析原因：如果达成目标，分析这篇文章在内容、排版、发布时间、社群扩散情况等方面有哪些做得好的地方，是否有不足的地方；如果没有达成目标，分析在哪些方面没有做好。

总结经验：总结各项数据对于达成总目标（转化率）的影响，总结提升相关数据表现的有效方法。

一次采访中，主持人问马斯克："你觉得最有挑战的事情是什么？"马斯克思考了很久才回答："及时纠正错误，并且反馈循环。"

做好复盘是提升工作能力的最佳方法之一，复盘不是为了增加工作量，而是为了提高工作效率。学会把复盘当作工作的一部分，有利于我们在职场实现突破和跃迁。

4.4 年终汇报，抓住 3 个关键词，助力升职加薪

2015 年底，罗振宇发愿：跨年演讲要连办 20 年。到 2021 年为止，跨年演讲已经成功举办了 6 年，罗振宇每次

跨年演讲都会分享他在过去一年的观察和学习心得，这可以算是他的一份特别的"年终总结汇报"。

2021 年是比尔·盖茨的人生发生重大转折的一年。他于 2021 年 12 月 7 日在"盖茨笔记"（Gates Notes）网站上发表了一篇 2021 年年终总结文章——《经历了艰难的一年后保持乐观的原因》（*Reasons for Optimism after a Difficult Year*）。在这篇文章中，他提出了 4 个世界性的重要议题，引起了国内外的广泛关注。

无论是比尔·盖茨、罗振宇这些企业家，还是一个默默无闻的普通职员，在每年的年底，都会进行年终汇报。通过年终汇报，我们对一年的工作进行系统的回顾梳理、分析研究，并总结经验教训，从而指导和规划下一年的工作。年终汇报常常决定着企业对员工工作表现的评估，对员工的职位调整、薪资调整甚至年终奖都有一定的影响，其重要性不言而喻。

很多人在收到提交年终汇报的任务时就开始抓耳挠腮，常常临近交报告时间还没开始动笔。其实只要掌握 3 个关

键词，职场新手也能又好又快地写出一份助力升职加薪的
年终汇报。

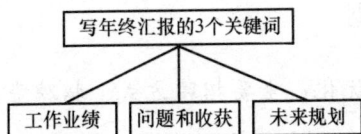

写年终汇报的3个关键词

工作业绩　问题和收获　未来规划

1. 工作业绩

小米创始人雷军认为，KPI 已经无法适应互联网的管理
需求了。然而在阿里巴巴，尽管谈起以 KPI 为导向的考核，
不少人会不喜欢，但是它的存在并不是完全没有价值的。

通常年终工作汇报的第一步就是回顾这一年做了什么，
整体业绩怎么样，每个月的业绩怎么样，业绩做得好或者
不好的原因。除此之外，我们还应该总结一下如何改进，
从而提升业绩。

需要注意的是，有些人即使知道要写工作业绩，还是
写不好，常常将这部分内容写成自己的岗位职责、工作内
容。工作业绩指工作成果，不是做过什么，而是做完的结
果。写工作业绩时，我们一定要提前汇总资料，清晰客观

地列出业绩数据。

以人力资源岗位为例，写工作业绩时，我们可以整理以下方面的数据。

招聘渠道优化：主要招聘方式、招聘费用、不同招聘方式的优缺点。

各部门入职和离职人数分析：年度数据、月度数据。

人力资源各项指标分析：员工学历、员工类别的构成情况及和上一年度的对比。

公司员工培训情况：培训人数、课时数、费用等。

绩效薪酬管理：绩效考核、薪资核发、年检和社保、预算和人力成本分析。

2. 问题和收获

作家麦家曾因为《暗算》一书红遍文坛，后来他创作的《解密》《风声》等小说也广受好评。然而 2011 年麦家用 3 个月匆匆完成的《刀尖》受到很多读者的差评，他幡然醒悟，并在《开讲啦》中公开道歉："当初我怎么会这么愚蠢，这简直是个谜，但其实谜底就在我的心里。当我被很多人追捧时，我放弃了对自己的要求。我想为自己的反省举行一个仪式，想请你们当我的证人，我错了。"之后麦家潜心写作，用 5 年时间创作的《人生海海》，成了超级畅销书。

年终汇报中除了要提我们的业绩，也要有我们对工作中存在的问题的反思，只有这样我们才能更好地进行下一步工作。

在年终汇报中，我们可以谈在这一年的工作中遇到了哪些困难、问题，是如何解决、应对的，有什么收获。除此之外，我们还可以谈一下自己的贡献，比如给公司节省资金、优化流程等。将自己的贡献说得具体一点，不要抽象地用一两个词或一两句话就带过去了，也不要说自己没有做到的事情，领导更想看的是你做出的贡献。

还是以人力资源岗位的年终汇报为例，问题和收获部分的内容如下。

今年工作中主要存在的问题有以下 3 个。

一是培训管理的系统性有待加强，内训师队伍建设需要探索新的方式。

二是绩效工具有待改进，绩效跟进和辅导不足，缺少绩效反馈和优化步骤。

三是管理者的选拔、培养和评估没有有效跟进。

今年在工作中的收获有以下 3 个。

一是修改完善了公司行政管理制度，包括收发信息制度、文件传阅制度、采购审批制度、车辆管理制度、电话费等定额补助制度等，显著提高行政管理效率。

二是树立服务意识，自觉地落实到各项工作的具体实施中，做到服从大局、服务大局。

三是争取政府的支持，时刻关注政府扶持的重点项目，为公司引入了一系列优惠政策，减少了公司的运营成本。

3. 未来规划

管理学家哈罗德·孔茨（Harold Koontz）说："虽然计划不能完全准确地预测将来，但如果没有计划，组织的工作往往陷入盲目，或者碰运气。"

回顾完一年的工作成果和收获，我们就需要根据已经取得的成绩和新形势，给未来一年的工作制订计划，这样领导也可以根据你的计划来为你安排更合适的任务，同时制订计划能体现个人的积极主动性。那么，未来一年的计划要怎么制订呢？我们可以采用质量管理领域著名的"PDCA 循环"，具体如下。

P（plan），即计划。工作目标是什么？可以从业务和业绩两方面给自己制订一个合理的目标。

D（do），即执行。如何执行？针对自己的目标，提出切实可行的方法。

C（check），即检查。如何保证自己能保质保量地完成目标？提出自我监督或外部监督的方式。

A（action），即改进。如果没有完成某个目标，怎么补救？是否有备用方案帮助自己完成总目标？

以人力资源岗位为例，未来规划部分的内容如下。

围绕下一年度的公司经营战略，以完成下一年的销售

目标为核心，以服务为导向，下一年的工作计划如下。

（1）建立健全各项规章制度：负责公司内部培训管理制度的完善和执行；优化绩效工具，并对绩效实施进行评估反馈；完善管理者的选拔、培养和评估制度。

（2）具体目标：总体招聘人数增加20%，选拔并培养15位中层管理者。

（3）执行计划：分解绩效指标，引导各岗位主动学习、提升技能；坚持进行绩效反馈与改进；完善新人培养计划，加强内训师队伍建设。

（4）自我督促：坚持每周开展部门例会，汇报上一周工作成果；坚持每日按要求提交工作日志。

（5）其他计划：完善内推制度，提高招聘效率；丰富企业文化活动和团建活动，降低离职率。

回顾一年的工作历程，展望未来，可以帮我们更好地把握现在。只要掌握了以上3个关键词，无论年终汇报还是半年汇报、季度汇报，我们都可以轻松搞定。

▶ 第 5 章　写作变现的正确
　　　　　打开方式

FIVE

随着从事副业的兴起，互联网上写作变现的方式越来越多，不少人通过写作挣了不少钱。在这个万众写作的时代，我们既可以通过写作在职场上获得更多晋升机会，又能通过多种途径直接将写作变现，过上经济独立甚至富裕的生活。

5.1 朋友圈文案，7 种话术，轻松玩转 "种草" 带货

2021 年底，商业顾问刘润的新书《底层逻辑》上市。

秋叶大叔很喜欢这本书，于是主动带领一群朋友通过朋友圈分享，推广卖出近 3000 本，收益约为 10 万元。刘润知道后特地表示感谢。

很多人觉得发条朋友圈连点赞都没几个，怎么能通过朋友圈带货呢？看看朋友圈里那些每天努力刷屏的微商，我们就会发现，朋友圈带货早就不是新鲜事了。而我们觉得做不到，主要原因是我们不知道该在朋友圈发什么，才能带货。

文案专家约瑟夫·休格曼（Joseph Sugarman）提出过一种叫作"滑梯效应"的销售文案写作方法。滑梯效应是指销售文案的每个元素都必须非常引人入胜，这样读者在阅读文案时仿佛是从一个滑梯上滑下，无法停住，只能一滑到底。要想写出一篇高转化率的朋友圈文案，我们也需要运用滑梯效应，即文案的每一句话都要给出信息点，并能吸引读者一句句读下去，最后读者才会心甘情愿地下单。

《底层逻辑》的一篇朋友圈带货文案如下。

终于有时间把刘润老师的年终演讲看完，这场演讲颠覆了我的很多认知。（名人事件开头，引起好奇心。）

演讲中提到《底层逻辑》，一翻该书的介绍发现，他的年终演讲中的很多干货内容，在这本书里都可以找到，很多事情的底层逻辑，也在书里做了更加系统的归纳总结。（自然过渡，"种草"新书。）

曾经我以原价都没有抢到的书，现在打5折了，只有今天一天。（限时优惠。）

原价69元，现在5折包邮，仅需34.5元就可以买到刘润老师的新书，感兴趣的朋友抓紧点链接抢购……（强化优惠价，指导下单动作。）

这篇朋友圈带货文案的每一句话都不是废话，一环接一环地让读者读下去，使读者产生最终的下单行为。当然文案可以千变万化，没有标准结构，只要其符合"滑梯效应"，就是一篇优秀的朋友圈文案。

通过朋友圈带货的新手，可以通过多次预告铺垫的方式，一步步地筛选目标读者和强化下单行为，这是"滑梯效应"的另一种用法。我们可以用"7 种话术"逐渐培养起读者对我们的信任，循序渐进，最终成功带货。下面以卖一门写作课为例，看看如何用 7 个步骤引导读者下单。

首轮预告 → 福利 → 结果呈现 → 吸引新流量 → 再次呈现结果 → 促使成交 → 收尾

1. 首轮预告：时间 + 卖点 + 行动指令

进行首轮预告，目的是让大家知道有这个产品。我们需要先通过文案公布产品的上架时间，让读者能判断自己是否有时间购买，然后预告产品的主要卖点，筛选出感兴趣的用户，最后用一个简单的行动指令，了解有多少用户感兴趣。

举例如下。

文字：精品写作课于 4 月 22 日开课，如果你在工作中有任何写作需求，前两次没报名的，这次别再错过了；和之前一样，我们会有"学习群 +10 节大咖课程 + 直播答疑环节"，感兴趣的朋友可以咨询我哦！

配图：写作课宣传海报。

2. 福利：时间 + 产品 + 免费福利 + 行动指令

发放福利是一种能引起读者注意的行为，也可再次强调产品的上架时间，提升读者对产品的熟悉程度。本条文案依旧需要加一个行动指令，以便再次搜集潜在用户的信息。

举例如下。

文字：福利发送，4 月 22 日精品写作课准时开课，朋友圈抽取 3 个人免费送本期课程，抽奖详情见下图，中奖的朋友请私聊我，感兴趣的朋友可以咨询我哦！

配图：指导抽奖图、写作课宣传海报。

3. 结果呈现：结果 + 行动指令

这条朋友圈动态中要具体给出案例，展示使用产品后的结果，这个结果要足够吸引人，但是不给方法，如果读者想知道怎么做到，就需要购买产品。最后给出购买产品的行动指令。

举例如下。

文字：上一期学完课程的学员今天发来好消息，他用写作课上学到的技巧写了一篇复盘报告，领导在公司群公开表扬了他，并且找他谈话，有意让他晋升部门经理，他的工资也会上调30%；如果你也想提升职场写作能力，快来精品写作课学习吧！

配图：学员聊天截图、写作课宣传海报、下单购买指引图。

4. 吸引新流量：新卖点

这条朋友圈动态中可以展示一个产品卖点，但是不用添加行动指令，也不用推销产品，旨在让读者看到后产生兴趣，自发留言咨询。

举例如下。

文字：一上班就听到一个好消息，全网有3000万粉丝的秋叶大叔会在下一期精品写作课中通过两场直播进行"加餐"和答疑！

配图：开心的表情包。

5. 再次呈现结果：他人使用效果

这条朋友圈动态很简单，用具体案例给出过往用户使用产品的结果，告诉大家购买产品后，可以有哪些收获、提升。不要说具体怎么做到的，甚至可以不提产品，要让读者好奇并主动留言咨询。

举例如下。

文字：下次升职加薪能轮到我吗？

配图：多张学员好评和报喜的聊天截图。

6. 促使成交：时间 + 产品 + 限量 + 行动指令

这条朋友圈动态是正式的产品官宣文案，促使成交是这条朋友圈动态的主要任务，之前 5 条朋友圈动态的作用都是预热。对于已经预约了产品的读者，我们首先给出产品的上架时间，然后给出数量限制，最后给出明确的购买行动指令。对于之前点赞互动的读者，这时候我们可以私聊他们，咨询产品购买详情。

举例如下。

文字：最后一天，精品写作课明天正式开课，"学习群＋10 节大咖课程＋直播答疑环节"，一次购买，终身受用；已经有 260 人成功报名，剩余 20 个名额，扫图 3 中的二维码，付款截图发给我，今晚拉群，明天开课。

配图：学员抢购的聊天截图、写作课宣传海报、下单购买指引图。

7. 收尾：用户证言

再次强调产品的卖点时，最好用第三方证言，即购买产品的用户的好评。这是一轮朋友圈带货的收尾动作，主要是让读者相信产品的价值，同时强化我们在朋友圈的人设，这样有利于进行下一次朋友圈带货。

举例如下。

文字：有学员想拉朋友报名精品写作课，不过本期学员已经招满，而且已经开课，只能报下期了。

配图：学员聊天截图。

朋友圈带货，更多的是靠个人影响力，7 篇文案显然比

1篇文案更有影响力。卖产品需要一步一步来，让读者从了解，到认可，到相信，最后到愿意购买，是一个不断提升用户期待和强化用户购买意愿的过程。只有反复向用户传递与产品相关的信息，才能使产品在用户心中留下深刻印象，否则是很难促成成交的。

掌握用户的购买心理，按照上面介绍的7种话术发朋友圈，新手也能轻松实现朋友圈带货。

5.2 短视频脚本，1个"爆款"密码，抓住受众注意力

中国互联网信息中心发布的第48次《中国互联网络发展状况统计报告》显示，截至2021年6月，我国短视频用户达8.88亿人，较2020年12月增长1440万人，占整体网民的87.8%。

2019年8月，《新闻联播》入驻抖音和快手。几天时间，《新闻联播》在两个平台的粉丝就突破了2000万人，而《新闻联播》也在逐渐适应短视频平台的节奏。

随着 5G 技术的兴起与发展，短视频行业有着越来越大的市场和发展潜力。

然而时间稀缺，信息爆炸，大家观看短视频的耐心越来越少，"爆款"短视频的制作也越来越难。对于一个初次接触短视频的小白来说，对短视频脚本的打磨是否足够决定着该短视频能否成为"爆款"。

通过分析"爆款"短视频，我们可以发现，6 种类型的短视频更能吸引用户观看和点赞：包含有用的信息的、包含有价值的观点的、能引起用户共鸣的、反常识的、有利益关系的、能引起用户好奇的。

短视频脚本大概可分为 3 类：拍摄提纲、文学脚本和分镜头脚本。这里介绍的短视频脚本写作方法主要是针对口播类短视频的，口播类短视频是当下流行且对新手比较友好的一种短视频类型。无论口播带货还是观点、干货输出，只要我们掌握一个打造"爆款"的方法——"结构 + 内容"，就可以做出高播放量、高点赞量的短视频。

我们小学时学过的一些文章结构非常好用，也同样适用于短视频脚本写作。

```
            ┌──────────────┐
            │  常用的文章结构  │
            └──────────────┘
        ┌──────┬───┴───┬──────┐
    ┌──────┐ ┌──────┐ ┌──────┐ ┌────────┐
    │并列结构│ │递进结构│ │对比结构│ │总分总结构│
    └──────┘ └──────┘ └──────┘ └────────┘
```

1. 并列结构

并列结构很简单，是一种被广泛应用的结构，即将主要内容按照 1、2、3 的序号进行排列。另外，我们需要注意主次之分，先讲主要内容，再讲次要内容。

例如：

苏炳添虽然没有在奥运会上拿到奖牌，但依然获得了很高的关注度，这是为什么呢？用《秋叶特训营　个人品牌 7 堂课》这本书讲的 3 个点去解释，非常好理解。第一点……第二点……第三点……

2. 递进结构

递进结构是指各要素按照从浅到深的顺序排列，或者按照从开始到结束的顺序排列，比如按原因、经过、结果的顺序，或者按过去、现在、未来的顺序。

例如：

在哪个平台直播能赚到钱？抖音和快手适合专业团队开播，通过投放拉流量。普通人如果没有团队，根本热不了场，而且也没有钱做投放，直播带货就很难（原因）。我选择视频号直播，因为这样可以打通微信群、公众号、朋友圈，先激活自己的圈子，然后激发大家扩散给更多人看，这种方式比较适合我这种讲干货的人（经过）。我现在一个月直播两场，每一场都能带 10 万多元的货（结果）。

3. 对比结构

不同观点可以进行对比，不同产品的某些性能也可以进行对比。对比能更全面地阐释一个主题，让读者更快、更准确地掌握信息。

例如：

如果咖啡有江湖，星巴克和瑞幸，就是两大门派。星巴克主张慢生活，注重客户的场景化体验，让喝咖啡变成一种情调、一种文化、一种氛围，咖啡本身更像社交附属品。喜欢星巴克的人，与其说是为咖啡掏钱包，不如说是为充满仪式感的体验买单。而瑞幸走的是与星巴克完全不同的路。瑞幸主张快节奏，门店大多进驻写字楼，只设一个吧台，面积小，投资少。买瑞幸咖啡的人甚至可以每天来一杯，反正常有优惠券可拿，让你养成消费习惯。

4. 总分总结构

总分总结构指在开始的时候提出一个主要观点，然后将此观点拆开论述，但是拆分论点是为前面的主要观点服务的，最后再次总结，和开头呼应。

例如：

孩子成绩不好，现在还不让培优了，怎么办？事实上，很多成绩好的孩子，能考上清华北大的孩子，根本就不培优，一样考高分！原因有以下3点。

…………

所以，很多孩子学习成绩不好，根源还是家长没有重视培养孩子的好习惯，而好习惯其实反映了一个孩子的意志力。通常，一个人在小时候养成的习惯越好，他长大后的成就也会越高。

当我们确定了结构之后，初步搭建一个短视频脚本就很容易了，接下来就是进一步优化内容，如果内容不好，结构再完美也无法吸引用户观看。学会以下 3 个小技巧可以为短视频内容加分增彩。

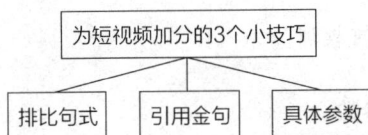

```
          ┌──────────────────────┐
          │   为短视频加分的3个小技巧   │
          └──────────────────────┘
          ┌────────┬────────┬────────┐
       ┌──────┐ ┌──────┐ ┌──────┐
       │ 排比句式 │ │ 引用金句 │ │ 具体参数 │
       └──────┘ └──────┘ └──────┘
```

1. 排比句式

排比句是把 3 个或 3 个以上意义相关或相近、结构相同或相似、语气相同的词组或句子并排在一起组成的句子。有时候两个或两个以上的并列句也称为排比句。

例如：

99 元，你能买到什么？买 1 个盲盒，开心 5 分钟；买两盒哈根达斯，解馋 10 分钟；街边小店撸串，吃一顿。

2. 引用金句

引用金句是指在开头或结尾的时候，用名人名言引出下文或者总结升华上文，从而强化短视频传达的观点，强化用户的记忆。

例如：

月盈则亏、物极必反的道理又一次在现实中被证明。就像黑格尔说的，"人类从历史中吸取的唯一教训，就是人类不会吸取任何教训"。

3. 具体参数

在一条带货短视频中，商品的各项参数是一定要介绍的，这有助于用户了解并信任该产品。即使不是带货短视频，具体数据也能增加其可信度。

例如：

华为的人为什么愿意奋斗？——华为有句话叫：钱给多了，不是人才也能变成人才。2016 年，一个新员工入职华为研发岗，薪酬差不多 30 万元一年，干得好还能获得内部股票激励，这样的待遇真的很有竞争力。

综上，我们写短视频脚本时，首先根据主题确定写作结构；然后写具体内容时，要注意利用首句吸引用户的注意力，可以选用金句、痛点场景开头；在用并列结构、递进结构、对比结构等论述观点或者介绍产品的时候，可以使用排比句、具体参数进行描述；结尾可以用金句、利益点来总结收尾或者引导下单。

安迪·沃霍尔（Andy Warhol）说："在未来，每个人都有 15 分钟成名的机会。"短视频时代就是沃霍尔口中的未来，抓住机会，我们也可以在短视频时代获得成功。

5.3　公众号文章，3 种类型，让人忍不住点赞转发

一个 17 岁的学生，通过售卖自己运营的多个微信公众号赚取了人生第一桶金——120 万元，其中一个微信公众号卖出了高达 40 万元的价格，这引起了很多人的关注。在短视频平台火起来之前，微信公众号的交易市场巨大，引得个人和企业纷纷入局。

即使如今短视频的风头压过了图文形式的新媒体，但是图文媒体还是有一定市场的，我们只要用心耕耘内容，仍然能在微信公众号这样的图文平台上掘金。

目前，利用微信公众号变现的方式很多，微信公众号的运营者可以根据自己的账号特点和个人精力来选择适合自己的变现方式。

（1）文章赞赏收入。当微信公众号开启赞赏功能后，运营者可以通过发表原创文章收获粉丝的"打赏"。

（2）流量主广告收入。开通流量主功能之后，运营者可以通过展示广告获得广告收入。一般来说，阅读量越高，广告收入越高。

（3）软文广告收入。有了一定的粉丝基础后，运营者可以接商家软文广告、文章底部广告和菜单入口广告。

（4）付费社群收入。运营者可以通过微信公众号导流到付费社群，赚取会员费。

（5）电商带货收入。自媒体带货是一个大趋势，运营者可以通过分销商品赚取佣金。

（6）优质内容出版收入。输出专业、优质的内容，有了一定的粉丝基础之后，运营者很可能会被出版社看中，从而通过出版图书获得收入。

　　无论采用哪种变现方式，运营微信公众号的基本要求就是内容优质，只有用优质内容为读者创造价值，运营者才能拥有更多粉丝，并提升微信公众号的价值，为变现争取更多议价权。

　　下面介绍 3 种类型的文章，写好这 3 种文章可以让我们的微信公众号更受读者欢迎。

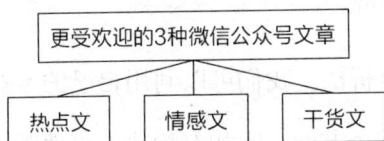

```
          ┌──────────────────────────────┐
          │    更受欢迎的3种微信公众号文章    │
          └──────────────────────────────┘
              │          │          │
        ┌─────────┐ ┌─────────┐ ┌─────────┐
        │  热点文  │ │  情感文  │ │  干货文  │
        └─────────┘ └─────────┘ └─────────┘
```

1. 热点文

　　热点是天然的流量，所有新媒体写作者都知道这个公开的秘密，只是写热点文也是有要求的，时间上要迅速、及时，内容上要有理有据有价值，两方面结合起来才能塑造一篇成功的热点文。

　　关于热点，很多人都知道怎么找，比如在百度热搜榜、新浪微博热搜榜等热点话题榜单上都可以实时看到热点新闻事件。可是，有了热点之后，我们如何写热点文呢？有

3 种方法能帮我们迅速加工热点的相关素材，从而写出一篇高阅读量、高点赞量的热点文。

首先是综合法。热点发生的时候，搜集所有相关素材，并梳理前因后果，让读者能通过这篇文章了解该热点的来龙去脉。在此基础上更高阶的一种写法是，将近期发生的一些热点事件串联起来讲，叠加热点的方式能吸引更多流量，提升阅读量。

其次是分析法。我们可以利用自己的专业知识去分析热点事件的某个方面，比如有的热点事件既可以从经济学角度、法学角度分析，还可以从心理学角度分析。总之，选择自己擅长的角度分析热点事件能让读者产生好奇心并进行广泛传播。

最后是评论法。我们既可以总结一些与热点相关的人士的评论、社会名人的评论，甚至是网友的评论，也可以发表自己的观点，我们提出的观点可以和主流观点相反，只要论证材料充分，读者也会接受独树一帜的观点。

2. 情感文

情感文由于能让人产生极大的共鸣，也是各大自媒体热衷的一种文章类型。情感文的写作要求很高。通常，情感文的写作方式与议论文的写作方式相似，其写作结构如下。

提出观点：可以用一些案例、故事、名人名言或者知乎高赞回答来引出自己的观点。

比如《人民日报》发表的一篇文章——《你的时间花在哪儿，人生的花就开在哪儿》，开头讲述了一个故事：一位妈妈利用带孩子的空余时间通过自学获得博士文凭，还考取了几个职业资格证，最终成为一名优秀的心理咨询师，这让很多妈妈感到羡慕。进而引出自己的观点：

你浪费时间，时间会忽略你；你重视时间，时间就会正视你。你跑到了许多人前面，成了更好的自己，这就是时间给你最好的回馈。

论证观点：用自己的经历或者他人事例来反复证明自己的观点。还是以上面那篇文章为例，该文章在提出观点之后继续用一群大学生到五星级酒店实习的经历，从正反两方面论证了前面提出的观点。

总结：多用金句结尾，一方面可以起到升华全文的作用，另一方面便于读者传播。上面那篇文章的结尾如下：

时间就是有着这样的魔力，你把它专注于一件事上，它反馈给你的远不止是从 0 到 1 的质变，而是质变的 N 次方。

所以，去努力就好，时间都看得到。

3. 干货文

前面两种文章分别讲的是现象和道理，干货文突出的则是方法。对于很多人来说，干货文就是帮助解决一些实际问题的文章，所以干货文一要关乎人们的痛点，二要方法切实可行，学了就能用。

干货文也分 3 个部分——凤头、猪肚、豹尾。但因为是新媒体文章，这 3 个部分有各自的写作要求：凤头即开头要能立马吸引读者，让读者对话题感兴趣，并引出痛点，让读者愿意继续读下去；猪肚即讲具体方法的主要内容需要有条理，让读者一看就知道怎么做；豹尾即结尾要总结，强调重点，突出文章的价值，引导读者进行点赞和传播。

在开头部分让读者产生兴趣的方法有以下 3 种。

一是用一些反常识的结论构建悬念，引起读者注意。比如"吃好喝好，没时间运动也能减肥"。

二是用痛点引起读者共鸣。比如：

"你是否因为长期熬夜晚睡，每天精力不佳，却又改不掉睡前刷手机的习惯？"或者是，"你是否总是不知不觉就得罪了别人，想建立好人缘，却没有方法？"

三是用案例展现本文介绍的方法的可信度。比如"同事做了一张 Excel 表，就变成了我的上司"。

具体方法是文章的重点内容，我们可以按照"2W1H"原则阐述具体方法。

"2W1H"即将一种方法拆解成"是什么""为什么""怎么办" 3 个部分进行讲解。比如讲番茄钟时间管理法，我们就要先讲这个方法的来源，再讲这个方法的原理，最后讲怎么使用这个方法。另外，建议加一个案例进行说明，便于读者理解。

结尾部分是用来总结全文的，我们要在此提炼关键方法，让读者有获得感，最后引导读者点赞、分享文章即可。

热点文满足的是资讯获取的需求和好奇心，情感文满足的是心理、情感方面的需求，干货文满足的是解决具体问题的需求，3 种类型的文章都拥有很大的读者群体，掌握这 3 种类型文章的写法，基本就掌握了运营微信公众号的流量密码。

5.4　直播脚本，5 个核心要素，高水平带货促成交

2020 年初新冠肺炎疫情暴发，越来越多的商家将业务转移到线上，直播带货等线上业务的发展势头越来越强，不仅"网红"、主播如雨后春笋般冒出来，各品牌也开始搭建直播带货业务线。

不少带货主播的走红并不只是因为抓住了红利，还因为他们精心准备了每场直播，其中当然少不了准备直播脚本。我们可以发现，很多主播在推荐每个产品时，会突出讲解产品的一个或两个卖点，以在短时间内打动用户。

对于带货直播来说，提前准备脚本是基本要求，只是有的脚本可能简略一些，有的脚本则把全部话术都写出来，这可以根据主播的临时应变能力和经验丰富程度来定。不过新手最好充分准备，尽可能写全脚本。

有的人觉得只要对产品熟悉，就可以直播，为什么一定要提前准备脚本呢？原因有以下几点，首先是有助于梳理直播流程，关于产品的优惠活动、抽奖活动要了然于胸；其次是能让主播有节奏地输出有效信息，把握每一分钟应该做的动作和用的话术；最后是方便复盘，最终对各项直播数据与对应的话术、卖点进行分析，从而不断优化直播脚本，助力高效带货。

直播脚本不是每次都需要写新的，开始的时候写一篇完整的，后面根据数据反馈进行调整就好。那么，新手如何才能写出一份高转化率的直播脚本呢？

直播脚本分为单品脚本和直播总脚本，单品脚本就是围绕某个产品进行介绍的脚本，其内容主要包括产品介绍、利益点介绍、引导下单等。以卖《能成事的人，都能扛事儿》这本书为例，其直播脚本如下。

如果一本书告诉你方向，却不给你方法，就是鸡汤。如果一本书告诉你方向，又给你方法，就是干货。小川叔的《能成事的人，都能扛事儿》就是一本既给方向，又给方法的书。

其实小川叔也是"北漂"。每个时代都有每个时代的难处，但是解决每个时代的困难的方法其实差不多，我们真正需要的是良好的心态，所以说"能成事的人，都能扛事儿"。（产品介绍）

小川叔的这本书正在当当预售，今晚也给到我们直播间非常优惠的福利价格！原价 49 元，今晚在直播间点击链接，授权登录当当平台购买，直接打 5 折，24.5 元包邮到家！在我们直播间买到的还是小川叔的亲笔签名版哦！再强调一遍，是小川叔的亲笔签名版哦！（利益点介绍）

我数完 3、2、1 就上架！只有 50 个名额，错过今晚的直播，抢不到小川叔的亲笔签名版别怪我哦！（引导下单）

直播总脚本是单场直播的整体脚本，除了进行单品介绍，还需要明确整场直播的流程，对直播节奏进行详细的规划。虽然听上去复杂，但是我们只要掌握 5 个核心要素，就能快速写出一份高转化率的直播总脚本。

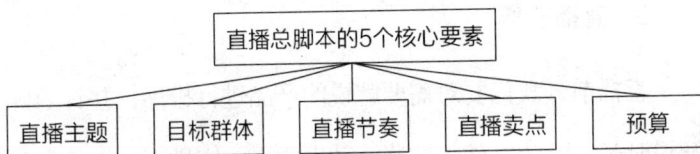

```
                  ┌──────────────────────┐
                  │  直播总脚本的5个核心要素  │
                  └──────────────────────┘
   ┌────────┐ ┌────────┐ ┌────────┐ ┌────────┐ ┌──────┐
   │ 直播主题 │ │ 目标群体 │ │ 直播节奏 │ │ 直播卖点 │ │ 预算 │
   └────────┘ └────────┘ └────────┘ └────────┘ └──────┘
```

1. 直播主题

带货直播需要有一个主题，比如新品上市、母婴专场、美妆专场等，确定主题时不一定要像写营销文案一样取一个多么有吸引力的标题，只要让粉丝明白这次直播的主要内容就行。

比如，秋叶大叔视频号直播间的"普通人如何通过社群带货""普通人如何把读过的书变成钱"等直播主题，就清晰明了地体现了直播的主要内容。

2. 目标群体

就像一个产品有它的目标群体，一场直播也有特定的目标群体。提前做好目标群体的画像，有助于挖掘用户的深层次需求，从而更好地打造吸引点，引导用户下单。比如美妆专场直播的目标群体主要是女性，母婴专场直播的目标群体主要是妈妈等。

3. 直播节奏

直播前，我们要对需要解说的产品进行排序，并计划好解说时长。除此之外，抽奖活动也要提前安排好，是某个时间点发红包，还是观看人次或者点赞量达到某个数字时抽奖。总之，我们要提前安排好整场直播的每个时间段应该做什么。

一般通用的直播流程分为以下 8 个步骤。

（1）开场聚人：聊天、抽奖、就产品信息卖关子，引导用户关注、扩散。

（2）留人：将福利、抽奖、超低折扣预告一遍，和用户互动。

（3）锁定目标群体：描述使用场景、产品适合人群。

（4）取得信任：和营销文案一样，用权威证明、其他用户评论等取得用户信任。

（5）产品介绍：介绍功效、成分、包装，与竞品对比等。

（6）引导下单：先报原价，再给优惠价、赠品等，突出直播间特惠价，演示下单步骤。

（7）营造紧张感：通过倒计时、播报库存量等强调限时限量，营造"产品很抢手，再不下单就抢不到了"的感觉。

（8）收尾：引导用户关注主播，预告下次直播的时间、产品、福利等。

其中，（3）～（7）步也适用于单品直播。

4. 直播卖点

直播卖点是指这场直播吸引人的地方，通常从 3 方面进行考虑：产品、主播和福利。产品是指产品的性价比有多高、优惠力度有多大；主播是指出镜人员，有知名度的主播会带来更大的流量，增加带货量，比如有的直播间会请一些艺人来互动带货；福利是指直播间的抽奖奖品，比如有的直播间送汽车、手机等。

5. 预算

直播带货是一种销售方式，做销售就一定要计算成本、利润。除了产品的优惠价格需要评估外，直播间发放的优惠券、赠品和红包等也需要做好预算，避免一场直播入不敷出。

直播带货正在成为今天商业世界中一个重大的机遇。身处这个万物皆可直播，人人都能带货的时代，学会按照以上 5 个核心要素写直播总脚本，新手也能实现高水平带货。